# mon premier QUIZ SPORTS

INTER SPORT
STADIUM
TEAM SPORTIA

# mon premier QUIZ SPORTS

ROUGE & OR

L'édition originale de ce livre est parue en 2012
sous le titre *Quiz Whiz Sport* chez Kingfisher,
une marque de Macmillan Children's Books,
une division de Macmillan Publishers Ltd, Londres



Auteur : Tom Jackson



**Édition française :**
Copyright © Rouge & Or 2012
*Traduction* : Valentine Palfrey
*Réalisation* : ML Éditions, Paris
*Édition* : Véronique Roberty
avec la collaboration d'Aurélie Abah

N° d'éditeur : 10183223
ISBN : 978-2-26-140422-3
Dépôt légal : juin 2012

Imprimé en Chine

www.rougeetor.fr

# Sommaire

*monter et descendre de cheval*

# Comment utiliser ce livre

Avant tout, prends le temps de lire ce mode d'emploi. Ensuite, pour chaque page, lis d'abord le texte d'introduction, puis les différents encadrés. Observe bien les images, elles pourront aussi t'aider. Enfin, à toi de jouer… et de répondre sans faute aux questions figurant à gauche, dans l'encadré !

## 1. Les questions

L'encadré à gauche regroupe 8 questions couvrant toutes les informations fournies dans la page. Vrai ou faux, lettres dans le désordre, questions pièges… sauras-tu répondre ?

## 2. Des numéros pour t'aider

Toutes les réponses sont dans la page ! Pour t'aider, le numéro de chaque question renvoie au même numéro (dans un cercle coloré) dans l'encadré où se trouve la réponse.

## 3. As-tu trouvé ?

Lorsque tu auras répondu à ces questions, vérifie tes résultats à la fin du livre. Toutes les réponses y sont données… à l'envers !

Chapitre 1

# Le SPORT, c'est FUN !

# Le tennis

Le tennis est l'un des sports de raquette les plus populaires. Les joueurs s'échangent une balle par-dessus un filet et gagnent des points lorsque leur adversaire est incapable de la renvoyer.

1 Quand le tennis est-il inventé ?

2 Que gagne le vainqueur d'un tournoi ?

3 Le service est le dernier coup d'un échange. Vrai ou faux ?

4 Replace les lettres EERRSV dans l'ordre et découvre un coup joué au tennis.

5 Quand un coup devient-il une volée ?

6 En quel matériau sont les raquettes ?

7 Quel matériau recouvre une balle ?

8 Combien de joueurs disputent un double ?

## Les tournois 1 2

Inventé en 1873, le tennis se joue alors sur la pelouse des parcs. De nos jours, il se pratique sur gazon, terre battue ou surfaces artificielles. Les meilleurs tennismen disputent des tournois dans le monde entier, devant un public qui paie pour assister aux matchs. Le vainqueur du tournoi gagne de l'argent.

coup droit

revers

volée

## Les principaux coups 3 4 5

Le joueur, placé derrière la ligne de fond de court, commence par servir dans le carré de service de son adversaire. Il renvoie ensuite la balle, en utilisant tour à tour différents coups : coup droit (la raquette part vers l'avant), revers (la raquette s'écarte du corps), volée (la balle est renvoyée avant son rebond).

## Raquette et balle 6 7

Les raquettes sont fabriquées en fibre de verre. Leur cordage est très tendu, pour que la balle rebondisse mieux. La balle, en caoutchouc, est recouverte de feutre.

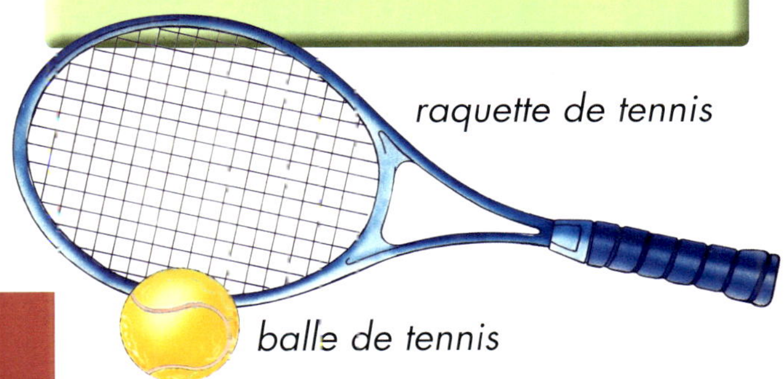


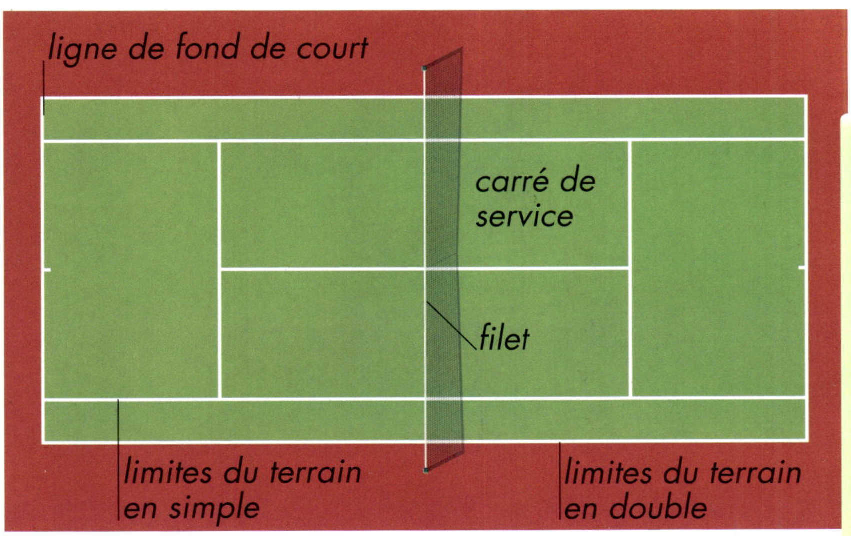


## Dedans et dehors 8

La balle doit rebondir à l'intérieur des limites du terrain. Si le joueur la « met dehors », il perd le point. En double, les quatre joueurs utilisent toute la largeur du terrain.

# Autres sports de raquette

Avant l'invention de la raquette, les hommes jouaient avec leurs mains. Raquette vient du mot arabe signifiant « main », c'est un accessoire utilisé dans divers sports.

**1** Trouve le sport qui se cache derrière TNIBANMDO.

**2** Quelle est la forme d'un volant ?

**3** Le tennis de table est inventé vers 1970. Vrai ou faux ?

**4** Pourquoi le tennis de table est-il aussi appelé ping-pong ?

**5** Pourquoi les côtés d'une raquette de squash sont-ils droits ?

**6** Quelles raquettes sont ultralégères ?

**7** Une balle de squash est-elle dure ?

**8** Au squash, la balle a-t-elle le droit de rebondir deux fois ?

## Le badminton

1 2

Le terrain de badminton est petit et son filet est placé en hauteur. Au lieu d'une balle, les joueurs se renvoient un volant, petit cône de plumes ou de plastique. L'embout en caoutchouc freine la trajectoire du volant pendant l'échange.

## Le tennis de table (3) (4)

Les règles de ce sport en salle inventé dans les années 1880 sont fixées au début du xx$^{e}$ siècle. Le tennis de table est aussi appelé « ping-pong », d'après le bruit que produit la balle de plastique, ultralégère, quand elle rebondit sur la table.

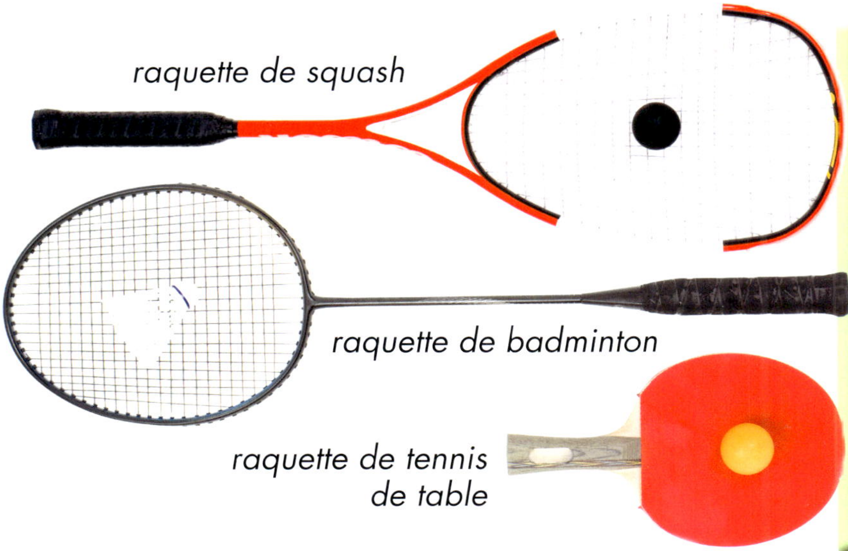


## Les raquettes (5) (6)

À chaque sport, sa raquette. Pour aller chercher les balles très près du mur, les côtés du tamis d'une raquette de squash sont droits. Les raquettes de badminton sont ultralégères et celles de tennis de table très petites !

*La balle peut rebondir sur le mur frontal et les deux murs latéraux.*

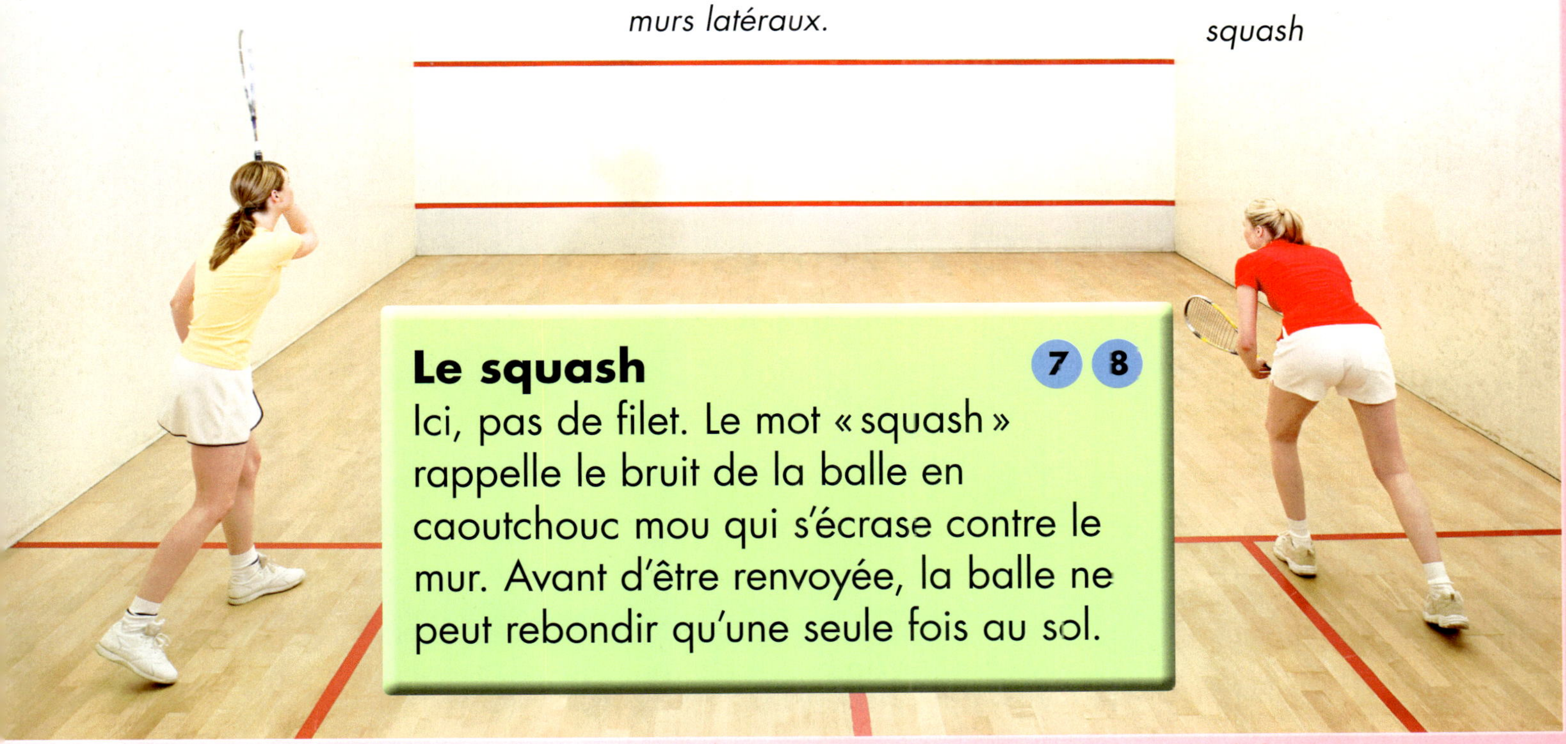

*squash*

## Le squash (7) (8)

Ici, pas de filet. Le mot « squash » rappelle le bruit de la balle en caoutchouc mou qui s'écrase contre le mur. Avant d'être renvoyée, la balle ne peut rebondir qu'une seule fois au sol.

# Le golf

Au golf, l'objectif est de faire entrer une balle dans un petit trou situé à des centaines de mètres de distance, à l'aide d'une canne – un « club » – en un nombre minimal de coups.

**1** Replace les lettres RAIFAWY dans l'ordre et découvre une zone du terrain.

**2** Il y a 9 trous sur tous les parcours. Vrai ou faux ?

**3** Comment s'appellent les herbes hautes ?

**4** Comment un joueur repère-t-il le trou ?

**5** Où un joueur utilise-t-il son putter ?

**6** Qu'est-ce qu'un bunker ?

**7** Combien de clubs un joueur peut-il utiliser ?

**8** Le bois sert aux coups longs. Vrai ou faux ?

## Les parcours (2) (3)

Sur un parcours, il y a 18 trous maximum. Le joueur place sa balle sur un tee et la frappe pour qu'elle remonte le fairway jusqu'au green. Le green est la zone d'herbe rase entourant le trou. Le parcours est semé d'obstacles : bunkers, plans d'eau ou herbes hautes (rough).

### Le drive 4

On appelle « drive » le coup de départ qui fait parcourir une longue distance à la balle, pour la rapprocher du trou signalé par un drapeau. Le joueur frappe sa balle avec force, mais il lui faut souvent deux ou trois coups pour s'en approcher.

### Putter 5

Une fois la balle sur le green, il s'agit de la mettre dans le trou ! Le joueur doit putter, c'est-à-dire effectuer des petits coups. S'il frappe trop fort, la balle risque de s'éloigner. À ce moment du jeu, on enlève le drapeau du trou.

### Les bunkers 6

Le golfeur doit éviter d'envoyer la balle dans un bunker – une zone de sable – car il est ensuite très difficile de la dégager. Pour cela, il emploie un fer, un club à tête métallique.

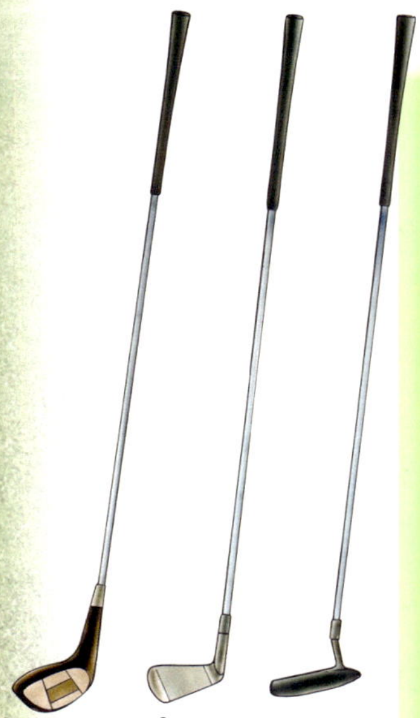


### Les clubs 7 8

Sur la durée d'un parcours, le golfeur peut utiliser jusqu'à 14 clubs : les bois pour les coups longs et les fers pour soulever la balle – pour approcher du green ou s'extraire d'un bunker ; le putter pour faire entrer la balle dans le trou.

# Le cyclisme

La bicyclette existe depuis près de 150 ans. De nos jours, en compétition, les distances de courses varient de 600 mètres (vitesse) à… 4 800 kilomètres (endurance) !

**1** Que signifie BMX ?

**2** Que porte le premier du Tour de France ?

**3** Quand le premier Tour de France a-t-il eu lieu ?

**4** En quoi le Tour de France est-il divisé ?

**5** Replace les lettres DÉELMOORV dans l'ordre et trouve une piste.

**6** Quelle vitesse les cyclistes sur piste atteignent-ils ?

**7** Les vélos de piste n'ont pas de freins. Vrai ou faux ?

**8** Quel est l'autre nom du VTT ?

## Le BMX

**1**

BMX signifie « bicyclette motocross », le terme « motocross » désignant une compétition motocycliste organisée sur un circuit tout-terrain. Les vélos de BMX sont petits et spécialement conçus pour les terrains accidentés. Leur cadre solide résiste aux acrobaties.

2 *Le premier du classement général porte le maillot jaune.*

## Le Tour de France

3 4

La plus célèbre course cycliste du monde est le Tour de France, qui existe depuis 1903. Cette compétition de 3 600 kilomètres est divisée en étapes, alternant parcours de plat (vitesse) et de montagne (endurance). Celui qui réalise le meilleur temps (moyenne de toutes les étapes) remporte le Tour.

## Au vélodrome

5 6

Les courses de cyclisme sur piste se déroulent dans un vélodrome, avec des virages relevés qui permettent des pointes de vitesse à 85 km/h. Aux éliminatoires, le dernier concurrent est éliminé à chaque tour : seuls trois sprintent jusqu'à la ligne d'arrivée.

*Les vélos de piste n'ont pas de freins.* 7

## Tout-terrain

8

Les VTT, ou vélos de montagne, sont conçus pour résister à tous les terrains. Leurs grandes roues et leurs pneus larges et crénelés leur évitent de glisser dans la boue ou dans le sable.

# Skate et roller

Équipements de loisirs à leurs débuts, le skate et le roller sont vite devenus des sports à part entière. Les meilleurs skateurs réalisent d'incroyables figures et il existe de nombreuses compétitions de roller.

**1** Comment appelle-t-on un saut exécuté en skateboard ?

**2** À quoi sert un half-pipe ?

**3** En quel matériau la planche d'un skate est-elle fabriquée ?

**4** Par quoi les roues d'un skate sont-elles reliées à la planche ?

**5** Combien y a-t-il de roues sur un patin ?

**6** À quoi sert le butoir ?

**7** Replace les lettres LORREL NE EGILN dans l'ordre et trouve un type de patin.

**8** Un patinodrome est un circuit où patiner. Vrai ou faux ?

## Le skateboard

**1** **2**

Un saut exécuté en skateboard s'appelle un ollie. Pour réaliser leurs figures, les skateurs professionnels enchaînent une succession d'ollies. En compétition, ils montent et descendent le long des parois du half-pipe (une rampe en forme de U) et exécutent sauts et acrobaties pour marquer des points.

## Les planches à roulettes 3 4

La planche sur laquelle se tient le skateur s'appelle le deck. Elle est traditionnellement en bois. En dessous, deux essieux maintiennent en place deux roues chacun. Ils donnent de la souplesse au skate et permettent d'effectuer des virages.

## Les patins à roulettes 5 6

Apparus il y a environ un siècle, les premiers patins sont dotés de quatre roulettes. Aujourd'hui, on les appelle plutôt des « rollers ». Ils sont équipés à l'avant d'un butoir en caoutchouc qui permet de freiner.

## Les rollers en ligne 7 8

Ce type de patin aux roues alignées ressemble à un patin à glace ; il permet également de réaliser des figures et des vrilles. Les courses de rollers en ligne sont organisées sur route ou sur piste. Un circuit de béton spécialement conçu pour les patineurs s'appelle un patinodrome.

# L'équipement du cavalier

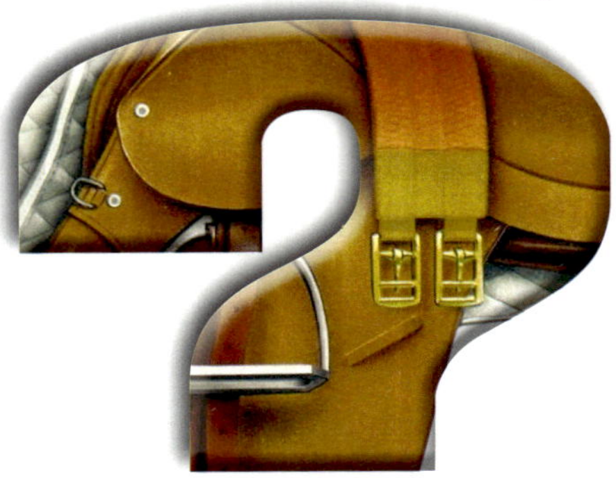

Pour leur sécurité – et le confort de leur cheval –, les cavaliers ont besoin d'un équipement spécifique. La préparation d'une reprise demande donc du temps.

1 À quoi servent les guêtres?

2 Replace les lettres DJHUPRO dans l'ordre et trouve un pantalon.

3 Comment s'appelle le casque du cavalier?

4 En quel matériau est fabriquée une selle?

5 Que glisse-t-on dans des étriers?

6 Comment s'appelle la courroie autour de la tête du cheval?

7 Comment s'appelle la pièce métallique fixée à la bride?

8 Le mors est relié aux rênes. Vrai ou faux?

**En toute sécurité** 1

Même si l'équitation reste un loisir, il faut penser à la sécurité du cavalier et de sa monture. Des vêtements confortables et une bombe (casque) sont indispensables. Pour éviter les blessures, le cheval porte des guêtres sur ses jambes.

## De la tête aux pieds

2 3

Le pantalon d'équitation s'appelle le jodhpur. Il est étroit pour se glisser dans les bottes. Tous les cavaliers portent une bombe, capitonnée à l'intérieur, mais très dure à l'extérieur pour une protection optimale.

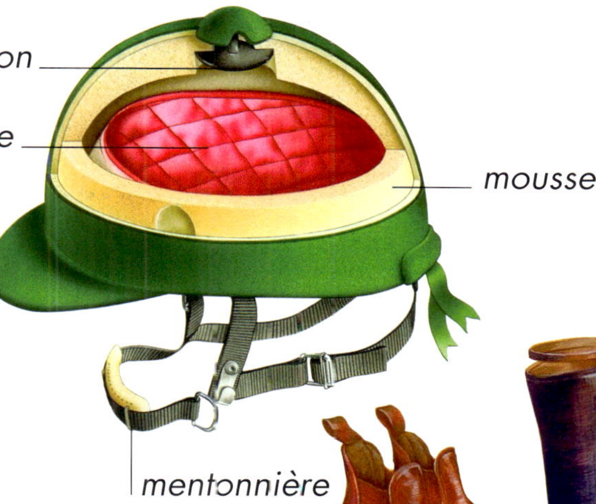

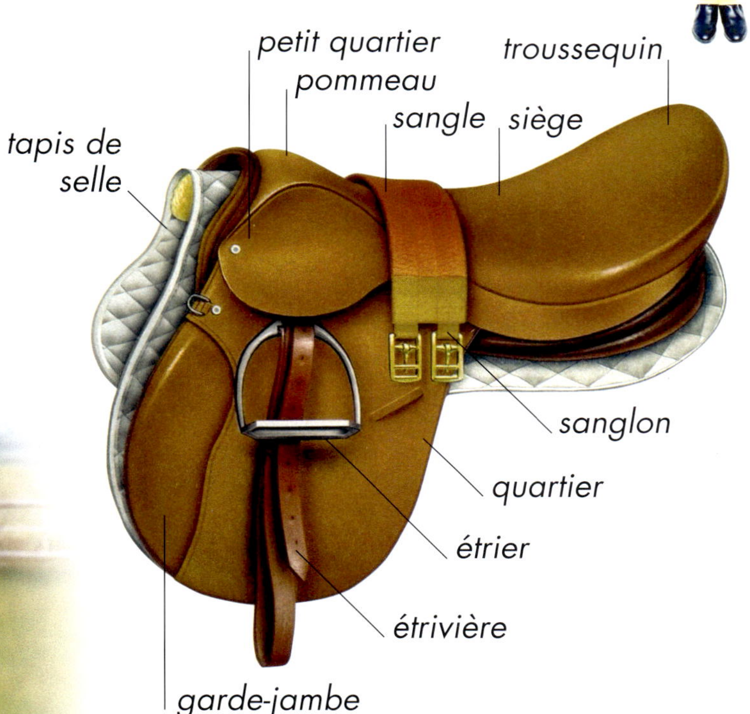


## La selle

4 5

Le cavalier s'assied sur une selle, un siège de cuir incurvé placé sur le dos du cheval et sanglé fermement tout en restant confortable. La selle possède deux pans latéraux pour atténuer le frottement des jambes du cavalier. Celui-ci glisse ses pieds dans des étriers, ce qui lui permet de se mettre debout si nécessaire.

## La bride

6 7 8

La courroie de cuir passée autour de la tête du cheval s'appelle la bride. Elle est reliée à une pièce métallique, le mors, glissée dans la bouche de l'animal. Le mors est quant à lui relié aux rênes, la courroie que tire le cavalier pour faire obéir le cheval.

# L'équitation

L'équitation est la technique qui consiste à monter un cheval. C'est un sport qui rassemble différentes disciplines et épreuves, notamment le cross et le dressage.

1 Que signifie monter ?
2 De quel côté monte-t-on sur un cheval ?
3 Que tient-on dans la main lorsque l'on monte sur un cheval ?
4 Le trot est l'allure la plus lente d'un cheval. Vrai ou faux ?
5 Quel est à ce jour le record du monde de vitesse au galop ?
6 Quelle épreuve se cache derrière ABCELOST ?
7 Qui gagne une compétition de saut d'obstacles ?
8 Au saut d'obstacles, quand est-on pénalisé ?

## Au manège

Le cheval est un animal robuste. Pour apprendre à le maîtriser et à rester en équilibre sur son dos, il faut prendre des leçons d'équitation dans un manège.

## Monter et descendre

1 2

Se placer sur le dos d'un cheval se dit « monter ». Le cavalier monte habituellement par le côté gauche, sans avoir besoin de se hisser sur une marche.

3

*1 Tenir les rênes et la crinière dans la main gauche, glisser le pied gauche dans l'étrier.*

*2 Pousser sur le pied gauche puis passer la jambe droite par-dessus la selle.*

## L'allure

4 5

Le cheval possède trois façons de se déplacer. L'allure la plus lente est le pas ; viennent ensuite le trot, puis le galop, ce dernier étant l'allure la plus rapide. Le record de vitesse au galop est de 28 km/h.

## Le saut d'obstacles

6 7 8

Le saut d'obstacles est très spectaculaire. Les cavaliers guident leur monture le plus vite possible : le plus rapide et le plus adroit remporte la compétition. Si le cheval renverse une barrière ou refuse de sauter, le cavalier est sanctionné par une pénalité.

***3*** *S'asseoir doucement et ajuster les étriers à la bonne hauteur.*

***4*** *Pour descendre, enlever les pieds des étriers et passer la jambe droite par-dessus la selle.*

***5*** *Poser les deux pieds à terre, le plus loin possible des sabots du cheval.*

# L'escalade

L'objectif de l'escalade est de trouver la meilleure voie possible pour atteindre le sommet d'une falaise. Les grimpeurs s'entourent d'un important système de sécurité.

**1** Nomme un dispositif de sécurité relié à la corde.

**2** Peut-on apprendre l'escalade en salle ?

**3** En quoi est fait un mur artificiel ?

**4** Pourquoi les grimpeurs utilisent-ils de la craie ?

**5** L'escalade libre se pratique sans corde de sécurité. Vrai ou faux ?

**6** Quelle technique se cache derrière AELPPR ?

**7** Comment descend-on en rappel ?

**8** Sur quoi les blessés sont-ils allongés ?

## Un mur d'escalade 2 3

La plupart des grimpeurs apprennent l'escalade en salle, sur un mur artificiel, non pas en pierre, mais en plastique dur. La paroi possède des reliefs, qui servent de prises aux mains et aux pieds.

## L'escalade libre

4 5

Les grimpeurs les plus téméraires pratiquent l'escalade libre : ils gravissent des parois en utilisant la seule force de leurs mains et de leurs pieds. Pour une meilleure prise, ils enduisent leurs paumes de craie. Ils attachent derrière eux une corde, qui ne sert qu'en cas de chute.

## Le rappel

6 7

Une fois parvenu au sommet, la technique la plus simple pour redescendre est le rappel. La corde, solidement arrimée à la paroi, passe par le baudrier : le grimpeur n'a plus qu'à se laisser descendre progressivement.

## Les secours

8

Les grimpeurs risquent des accidents graves. Ce sont des alpinistes expérimentés qui portent secours aux blessés. Ils les descendent en les installant sur des brancards ultralégers.

# La natation

Les peintures rupestres prouvent que les hommes savent nager depuis l'âge de pierre. Les premières courses de natation ont été organisées voilà plus de 2000 ans.

1 Quel est le lieu le plus sûr pour nager ?

2 Quel accessoire se cache derrière EELNSTTU ?

3 En compétition, il existe cinq styles de nage. Vrai ou faux ?

4 En nage libre, quelle nage est choisie par les concurrents ?

5 Quel style de nage est aussi un insecte ?

6 Quelles figures un plongeur exécute-t-il ?

7 La natation synchronisée se fait-elle en musique ?

8 Que signifie l'adjectif « synchronisé » ?

**Splash !** 1 2

Se baigner dans la mer, un lac ou une rivière est un plaisir simple. Toutefois, il faut prendre des leçons pour savoir nager en toute sécurité. Le lieu le plus sûr pour pratiquer la natation est la piscine municipale. Pour améliorer sa vision sous l'eau, il est utile de porter des lunettes.

*La natation ne se résume pas aux courses et à la compétition.*

## Les styles de nage

3 4

Les compétitions se disputent sur quatre styles de nage. En nage libre, tout le monde choisit le crawl, la plus rapide des allures. Les courses sont organisées dans des bassins de 25 ou 50 mètres de long.

*crawl*

*brasse*

*dos crawlé*

*papillon*

## Les plongeons

6

Pour les plongeons les moins élevés, les athlètes s'élancent depuis un tremplin. Les plateformes sont beaucoup plus hautes. Les plongeurs marquent des points en réalisant des vrilles et des sauts. En duo, les partenaires plongent en même temps.

## La natation synchronisée

7 8

Une équipe de natation synchronisée exécute un enchaînement en musique. Une équipe complète – exclusivement féminine – compte jusqu'à 10 membres. Synchronisé signifie « en même temps », car l'équipe est jugée sur sa coordination.

# Sur l'eau

**N**ombre de disciplines sportives se pratiquent sur l'eau. Certaines utilisent la force du vent ou des vagues, d'autres réclament l'intervention de rames et de pagaies.

1 Donne un synonyme de planche à voile.

2 Combien de marins un gros voilier peut-il compter ?

3 En aviron, les rameurs sont dos à la ligne d'arrivée. Vrai ou faux ?

4 En aviron, qui dirige l'embarcation ?

5 Comment s'appelle un pilote de canoë ?

6 Quel peuple fut le premier à surfer ?

7 En quel matériau les surfs sont-ils fabriqués ?

8 Quand un surfeur porte-t-il une combinaison ?

## Le souffle du vent 1 2

La voile est la principale pratique nautique utilisant la force du vent, suivie par la planche à voile (ou windsurf). Il existe des compétitions pour tous types d'embarcations, depuis les dinghys individuels jusqu'aux voiliers grands comme des courts de tennis, qui requièrent un équipage de 25 personnes.

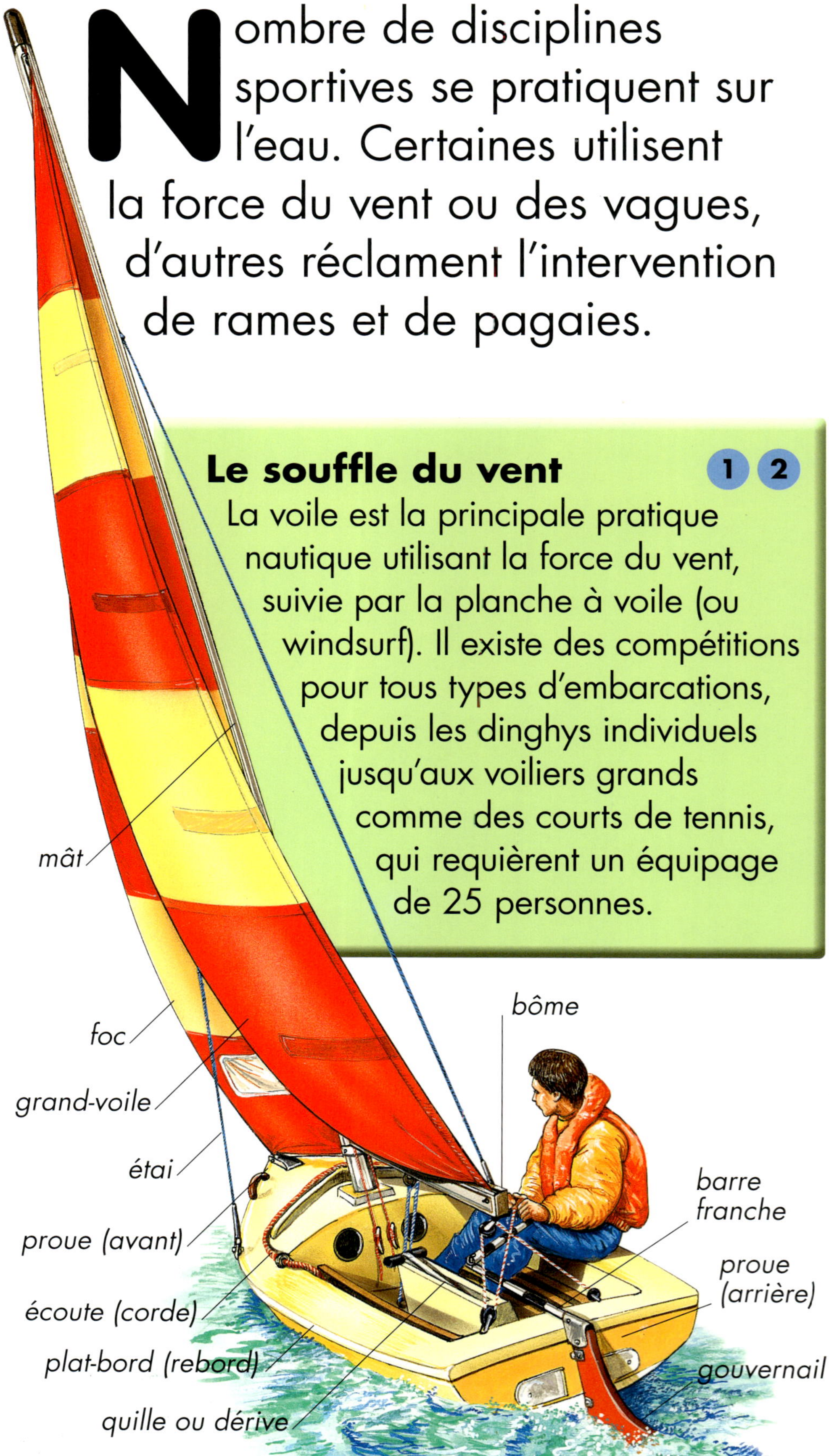

## L'aviron

3 4

En aviron, 2, 4 ou 8 athlètes propulsent une embarcation à l'aide d'un ou deux avirons (ou rames). Les rameurs tournent le dos à la ligne d'arrivée. Le barreur, assis à l'arrière, impose le rythme à tenir.

*huit (bateau à 8 rameurs)*

*canoë*

## Canoës et kayaks

5

Dans son canoë, le céiste se propulse à l'aide d'une seule pagaie, qu'il manie d'un côté, puis de l'autre. Son embarcation peut accueillir plusieurs personnes, ce qui n'est pas le cas du kayak, individuel.

*kayak*

*Le kayakiste propulse son embarcation à l'aide d'une pagaie à deux pales.*

## Le surf

6 7 8

Les habitants des îles du Pacifique furent les premiers à glisser sur les vagues, debout sur une planche de bois. Aujourd'hui, les planches en fibre de verre sont plus courtes et plus maniables. Quand l'eau est froide, les surfeurs portent une combinaison.

# Le SPORT, c'est FUN !

## Infos-surprises

**1.** En 1949, à Viña del Mar (Chili), le cheval Huaso, monté par son cavalier le capitaine Alberton Larraguibel Morales, franchit un obstacle de 2,47 m de haut.

**2.** La plus longue course de canoë du monde se tient sur 1 600 km sur le Yukon (États-Unis). Les gagnants bouclent le parcours en une semaine.

**3.** L'homme le plus rapide du monde sur deux roues est le Français Éric Barone, qui a dévalé un versant enneigé à vélo à 222 km/h.

**4.** Un sherpa népalais, Pemba Dorje, détient depuis 2004 le record d'ascension de l'Everest en 8 heures et 10 minutes, à l'âge de 27 ans.

**5.** Le tennis de table est le sport de raquette le plus populaire du globe. Chaque année, 10 millions de personnes participent à des tournois.

**6.** La plus longue piscine de la planète s'étire sur 1,013 kilomètre dans la station balnéaire de San Alfonso del Mar (Chili).

**7.** En 2008, l'Américain Ted McDonald parcourt 389 km en skateboard en 24 heures.

**8.** En 1974, la balle de golf frappée par Mike Austin atterrit 471 m plus loin, un record qui tient toujours.

**9.** En 2010, *Groupama 3,* skippé par le Français Franck Cammas et son équipage de 10 membres, boucle le tour du monde en 48 jours, 7 heures et 44 minutes.

**10.** En 2010, l'Américain John Isner bat le Français Nicolas Mahut à Wimbledon, à l'issue du plus long match de tennis de l'Histoire : 11 heures et 5 minutes.

Chapitre 2

# Les SPORTS D'HIVER

# Le ski alpin

Rien de plus rapide qu'une paire de skis pour dévaler le versant d'une montagne en glissant sur la neige ! Les skis sont fixés à des chaussures rigides et le skieur garde son équilibre grâce à des bâtons.

1 Comment s'appelle le chemin tracé dans la neige ?

2 Quel nom porte la machine qui tasse la neige d'une piste ?

3 Une piste de ski pour débutants est bleue. Vrai ou faux ?

4 Comment les skieurs grimpent-ils en haut ?

5 Où se rend-on pour apprendre à skier ?

6 Qu'est-ce qu'un slalom ?

7 Quel type de course se cache derrière CEDENEST ?

8 Que revêtent les skieurs professionels ?

**En piste !** 1 2 3

Le chemin tracé dans la neige que suivent les skieurs s'appelle une piste. Elle est spécialement préparée par une machine, la dameuse, qui tasse la neige pour la rendre plus glissante.
Le degré de difficulté d'une piste est signalé par une couleur : vert pour les débutants, puis bleu, rouge et enfin noir pour les skieurs expérimentés.

## Le télésiège (4)

Pour grimper en haut de la montagne, les skieurs utilisent des télésièges – un système de câbles auxquels sont suspendus des sièges à intervalles réguliers. Le skieur peut s'y asseoir chaussé de ses skis.

## L'école de ski (5)

La plupart du temps, les futurs skieurs se rendent à l'école de ski pour apprendre à glisser et descendre les pistes. Là, des moniteurs leur enseignent comment prendre les virages, comment s'arrêter… et surtout comment se relever en cas de chute !

## Les compétitions (6) (7) (8)

Les meilleurs skieurs s'affrontent sur différents types de courses. En slalom, les concurrents zigzaguent le long d'un parcours ; en descente, ils dévalent la piste tout droit. Les compétiteurs portent des combinaisons ajustées pour une meilleure pénétration dans l'air… et ainsi aller plus vite.

# Le ski de fond

1 Un ski de fond est large et court. Vrai ou faux?

2 Pourquoi l'extrémité des skis est-elle recourbée?

3 À quel niveau du pied le ski est-il attaché?

4 Pourquoi les fondeurs utilisent-ils des bâtons?

5 Peut-on marcher avec des skis?

6 Pourquoi les raquettes ne s'enfoncent-elles pas dans la neige?

7 Quand les raquettes ont-elles été inventées?

8 Replace les lettres TEOGTU D'AUE dans l'ordre et trouve la forme des raquettes.

Le ski n'est pas seulement une affaire de pentes vertigineuses. Le ski de fond permet de profiter de la neige sur des surfaces planes, en se déplaçant à des vitesses surprenantes.

**Se déplacer** 1 2

Dans certaines régions du globe, il neige énormément en hiver. Le ski de fond est un moyen efficace pour se déplacer. Il utilise des skis plus longs et plus étroits qu'en ski alpin, dotés à l'avant d'une extrémité recourbée et pointue pour avancer dans la neige poudreuse.

## Marche et course (3) (4)

Dans les pays nordiques, le ski de fond est un moyen de locomotion extrêmement populaire. Le ski n'est attaché qu'à l'avant du pied pour que le fondeur propulse sa jambe en avant et en arrière, comme s'il marchait ou courait. Pour glisser sur la neige, il s'aide aussi en poussant sur ses bâtons.

## Les raquettes (5) (6)

Les skis sont conçus pour glisser… pas pour marcher ! Pour la marche, mieux vaut chausser des raquettes. Le poids de la personne qui porte des raquettes étant également réparti, elles ne s'enfoncent pas dans la neige.

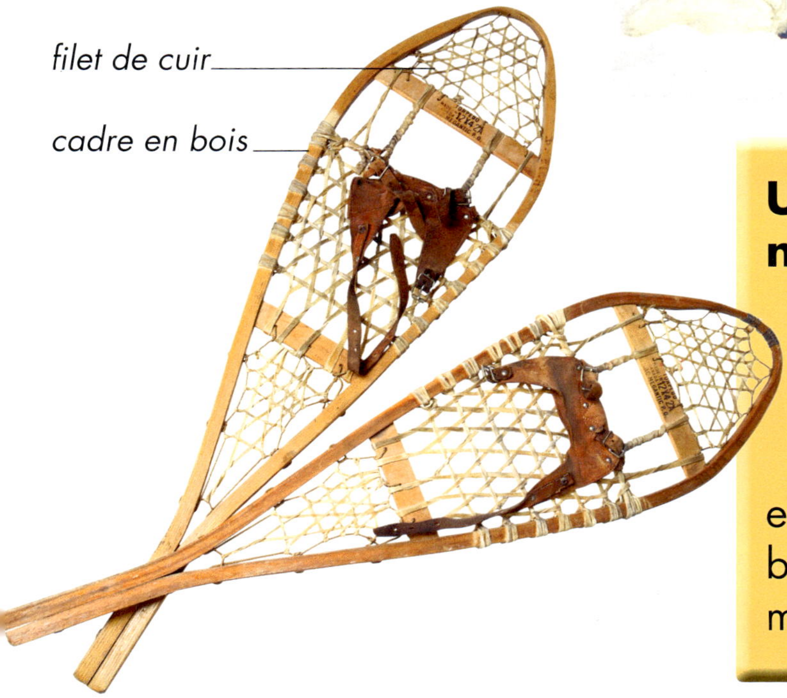


## Une invention millénaire (7) (8)

Les raquettes ont été inventées voilà plus de 6 000 ans. Les Amérindiens ont créé le modèle le plus performant – à la fois robuste et léger – constitué d'un cadre de bois en forme de goutte d'eau qui maintient un filet tressé de cuir.

# Le snowboard

Un snowboardeur se tient debout, les deux pieds sur un large ski. Inventé aux États-Unis il y a une cinquantaine d'années, ce sport est issu de l'association du surf, du ski et du skateboard.

**1** Un snowboard glisse-t-il vers l'avant ?

**2** Que met-on pour améliorer la glisse ?

**3** Sur un snowboard, on se tient de face. Vrai ou faux ?

**4** Le snowboard figure-t-il aux JO ?

**5** Quel est l'autre nom du boardercross ?

**6** Combien y a-t-il de concurrents dans une course de boardercross ?

**7** À quoi sert une rampe ?

**8** Replace les lettres FLAH-IEPP dans l'ordre et trouve le nom de la rampe.

**Ça glisse !** 1 2 3

Contrairement aux skis, le snowboard n'a ni avant ni arrière, il peut donc glisser dans toutes les directions. Pour qu'il glisse encore mieux, il faut mettre de la cire (wax) sur sa « semelle ». Le snowboardeur se tient debout, de côté, et porte des vêtements chauds et amples.

## Les compétitions

4 5 6

En 1998, le snowboard devient un sport olympique ; il convient alors, pour marquer des points, d'exécuter des figures. En 2006, le snowboard cross, ou boardercross, est ajouté au programme olympique : quatre concurrents s'affrontent sur une piste bosselée – pas de figures imposées, il faut simplement arriver le premier.

*fibre de verre moulée autour d'une planche de bois*

## Le half-pipe

7 8

La plupart des stations de sports d'hiver sont désormais équipées d'un half-pipe, une rampe qui permet aux snowboardeurs d'exécuter des figures et des sauts périlleux. Le snowboardeur prend son élan sur les parois de ce demi-cylindre. Une fois satisfait de sa vitesse, il effectue son saut.

*Les parois d'un half-pipe sont incurvées, mais son fond est plat.*

# Le patinage

Pour évoluer sur une surface très glissante, le patineur porte des chaussures équipées d'une lame tranchante qui coupe la glace et lui permet ainsi d'avancer.

1 Quel est le lieu le plus sûr pour patiner ?

2 Comment gèle-t-on la glace d'une patinoire intérieure ?

3 Quel sport se cache derrière CEHKOY RSU ACEGL ?

4 Où patine-t-on dans les pays nordiques ?

5 Où sont nés les patins équipés d'une lame en os ?

6 Les patineurs peuvent atteindre 100 km/h. Vrai ou faux ?

7 Un patineur de vitesse peut-il pousser un adversaire ?

8 En quoi la lame d'un patin actuel est-elle ?

## La patinoire

1 2 3

Il est possible de patiner toute l'année et en toute sécurité sur une patinoire intérieure – une piscine peu profonde à la surface lisse et gelée grâce à un réseau souterrain de pompes où circule un produit qui refroidit l'eau. La patinoire est aussi utilisée pour jouer au hockey sur glace.

## Lacs gelés (4) (5)

Dans les pays nordiques, en hiver, on patine sur des lacs gelés ! Les premiers patins avec des lames en os sont apparus en Finlande, il y a 4000 ans. Le premier patin à lame en métal remonte à six siècles.

## Le patinage de vitesse (6) (7)

Le sport qui consiste à patiner le plus vite possible s'appelle le patinage de vitesse. Ces patineurs s'affrontent sur une piste glacée. Pour atteindre des vitesses record de 70 km/h, leurs patins sont équipés de lames très longues. Les concurrents doivent rester à l'intérieur des plots et ne pas pousser ou tirer l'adversaire.

# Danser sur la glace

En patinage artistique, les athlètes montrent leur talent en effectuant avec grâce des acrobaties sur la glace. En musique, ils présentent aux juges un enchaînement – une suite harmonieuse de mouvements.

1 La danse sur glace peut-elle se pratiquer en couple ?

2 Les juges attribuent une note de 0 à 10. Vrai ou faux ?

3 Cite deux figures de patinage.

4 Qu'est-ce qu'un porté ?

5 Replace les lettres TLALEB dans l'ordre et trouve un type de danse sur glace.

6 Quels patins les patineurs artistiques portent-ils ?

7 Quelle est la partie en métal d'un patin ?

8 À quoi servent les dents d'un patin ?

### La danse sur glace (1) (2)

Certains couples de patineurs artistiques participent également à des compétitions de danse sur glace. Ils sont jugés non seulement sur la difficulté de leur chorégraphie, mais aussi sur le rythme et l'interprétation. Chaque mouvement technique est noté de +3 à –3.

## Les figures

3 4

En compétition, le patineur artistique réalise des figures imposées. Les juges donnent un point pour chaque élément correctement exécuté. Ces figures incluent des sauts, des spirales et des pirouettes. Les concurrents effectuent aussi des portés, où l'un des patineurs soulève son partenaire.

*Le patineur qui obtient le plus de points est déclaré vainqueur.*

## Spectacles sur glace

5

La grâce des patineurs se retrouve dans les spectacles sur glace de danse et de ballet. Là, les danseurs – souvent de grandes troupes – ne sont jugés que par les spectateurs ; en costumes et en musique, ils racontent une histoire.

## Patin à la loupe

6 7 8

Les patineurs artistiques portent une chaussure montante dont la semelle est équipée d'une courte lame métallique. L'extrémité avant de la lame est dentelée. Ces dents accrochent la glace : le patineur peut ainsi s'arrêter instantanément lorsqu'il exécute une pirouette.

# Autres sports d'hiver

Quand il fait froid, impossible de pratiquer des sports de plein air comme le football et le golf. À l'inverse, certains sports réclament obligatoirement de la glace et de la neige !

1 Peut-on escalader une cascade en été ?

2 À quoi sert un piolet ?

3 Replace les lettres PRCMANO dans l'ordre et trouve une pointe placée sous une chaussure.

4 Un toboggan est une luge. Vrai ou faux ?

5 Pourquoi les grandes luges sont-elles très rapides ?

6 Quels animaux courent en tirant des traîneaux ?

7 Un husky est un type de course. Vrai ou faux ?

8 Qu'est-ce qu'un musher ?

**Escalade** 1 2 3

Quand une cascade gèle, elle se transforme en mur de glace. Pour l'escalader, il faut pouvoir s'y agripper : pour s'accrocher à la paroi, les grimpeurs utilisent des piolets et ils portent des chaussures à crampons.

## Le toboggan

4 5

Pour dévaler les pistes enneigées en toute sécurité, rien de tel qu'un toboggan – ou traîneau –, large luge à fond plat qui rappelle justement la rampe d'un toboggan. D'autres luges, bien plus grandes, sont équipées de deux skis (ou patin) et vont bien plus vite.

## Les chiens de traîneau

6 7 8

Les courses de chiens de traîneau sont organisées dans les pays du Nord. Elles peuvent durer plusieurs jours et réclament donc des chiens robustes et endurants, de type huskies ou malamutes. Un conducteur de traîneau tiré par des chiens s'appelle un musher.

# Les SPORTS D'HIVER
## Infos-surprises

**1.** Le skieur le plus rapide de la planète est l'Italien Simone Origone, chronométré à 251,4 km/h en 2006.

**2.** L'Autrichien Balthasar Egger détient depuis 2009 le record du plus long parcours à ski, avec 374 km réalisés en 24 heures.

**3.** Vainqueur de sept Coupes du monde, l'Autrichienne Annemarie Moser-Pröll est la skieuse la plus titrée au monde.

**4.** Avec ses 3,034 km, le Peak 2 Peak de Whistler (Canada) est le plus long remonte-pentes du globe.

**5.** La plus importante course de ski de fond du monde est la Vasaloppet, organisée en Suède sur 90 km ; 15 800 fondeurs y ont participé en 2011.

**6.** En 2009, Pavel Gulyaev bat un nouveau record en escaladant un mur de glace de 15 m en 8,75 secondes.

**7.** La Iditarod est la plus longue course de chiens de traîneau du monde. Elle a lieu en Alaska, sur 1 800 km.

**8.** En patinage de vitesse, le Canadien Jeremy Wotherspoon détient le record du tour de piste, à une allure de 59,21 km/h.

**9.** Aux jeux Olympiques de 1984, Jayne Torvill et Christopher Dean sont les premiers danseurs sur glace à obtenir la note artistique parfaite de la part de tous les juges.

**10.** Depuis 2010, Peter Olenick détient le record du monde de saut dans un half-pipe : 7,58 mètres.

Chapitre 3

# GYMNASTIQUE et SPORTS DE COMBAT

# La gymnastique artistique

La gymnastique est l'un des sports les plus anciens. Dans la Grèce antique, les athlètes s'entraînaient en plein air sur le vaste espace qu'est le *gymnasium*. De nos jours, ils disposent de salles bien équipées.

1 Donne un synonyme d'agrès.

2 En compétition, qui attribue les points ?

3 Quel agrès se cache derrière RUEOTP ?

4 À quoi sert le grand tapis carré ?

5 Qui effectue un enchaînement en musique ?

6 Nomme deux mouvements de gymnastique.

7 Les mouvements valent-ils tous le même nombre de points ?

8 On perd un point en chutant. Vrai ou faux ?

## Les épreuves de gymnastique 1 2

En compétition, les gymnastes s'affrontent dans plusieurs épreuves. Les agrès (ou appareils) sont installés dans une vaste salle. Des juges regardent puis notent les enchaînements. Le gymnaste qui obtient le plus de points à l'issue de toutes ses épreuves est déclaré vainqueur.

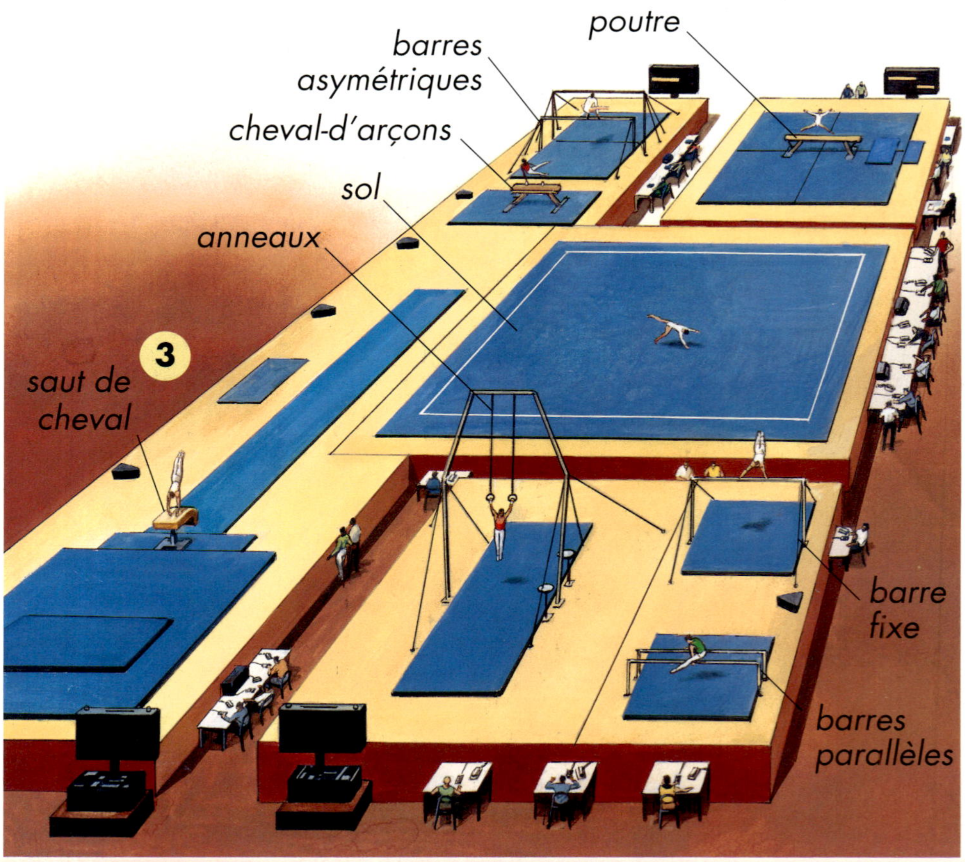

*flip*

## Au sol 4 5

Les gymnastes (hommes et femmes) exécutent un enchaînement au sol, sur un grand tapis souple de 12 mètres de côté, dont ils ne doivent pas sortir. Seules les femmes réalisent leur enchaînement en musique.

## Force et souplesse 6

La gymnastique exige force, équilibre et souplesse. L'athlète apprend quantité de mouvements : les roulades, les sauts, les renversements… Exécutés les uns après les autres, ces mouvements forment un enchaînement.

*roulade avant*

*renversement arrière*

*équilibre*

## Marquer des points 7 8

Le concurrent marque des points en réalisant certains gestes. Chacun de ces mouvements a son propre degré de difficulté : enchaîner les mouvements difficiles rapporte donc plus de points. Le rythme de l'exécution est également pris en compte.
Les juges retirent des points en cas de faute – une chute enlève un point.

*saut de biche*

# Barres et anneaux

1 Qui concourt aux barres asymétriques ?

2 Que fait la gymnaste pour quitter les barres asymétriques ?

3 Quel agrès masculin se cache derrière RERAB XIEF ?

4 Qu'est-ce qu'un soleil ?

5 Quelle est la longueur des barres parallèles ?

6 Les femmes font des anneaux. Vrai ou faux ?

7 Pourquoi les gymnastes portent-ils des bandages ?

8 Nomme une phase d'arrêt aux anneaux.

À la barre fixe et aux anneaux, les gymnastes exécutent des sauts périlleux, des appuis et des soleils… des exercices exigeant une incroyable force dans les bras.

**Les barres asymétriques** 1 2

Seules les femmes concourent aux barres asymétriques. Ces barres sont en plastique souple ou en bois. La plus basse se situe à 1,61 m au-dessus du sol, la plus haute à 2,41 m. La gymnaste y accède en sautant sur un tremplin. Elle en descend en exécutant un saut périlleux, puis en se réceptionnant sur un tapis.

*Pendant les cours, le professeur peut monter sur une plateforme.*

*La gymnaste doit sauter d'une barre à l'autre.*

## La barre fixe

**3** **4**

Seuls les hommes concourent à la barre fixe, faite d'acier et située à 2,50 m au-dessus du sol. L'athlète saute pour l'agripper. Il réalise un « soleil » lorsqu'il effectue un tour complet et très rapide.

*soleil*

*Pour ne pas glisser, les athlètes s'enduisent les mains de craie.*

## Les barres parallèles

**5**

Les barres parallèles sont aussi un agrès exclusivement masculin. Ces barres souples mesurent 3,50 m de long. Un enchaînement doit inclure des vrilles et des balancements.

*L'espacement entre les barres est plus large que les épaules du gymnaste.*

## Les anneaux

**6** **7**

Considérés comme la plus difficile de toutes les épreuves de gymnastique, les anneaux sont aussi un agrès masculin. Un enchaînement doit alterner des soleils mais aussi des phases d'arrêt. Pour éviter les blessures, les athlètes portent souvent des bandages aux poignets.

*croix maltaise*

*Durant les phases d'arrêt, le gymnaste doit rester parfaitement immobile.*

**8** *croix de fer*

# Autres agrès

1 Combien de temps un enchaînement à la poutre dure-t-il ?

2 La gymnaste monte sur une marche pour atteindre la poutre. Vrai ou faux ?

3 Quelle est la longueur de la poutre ?

4 Quelle est sa largeur ?

5 Qu'est-ce qu'un arçon ?

6 De quel matériau le cheval-d'arçons est-il recouvert ?

7 Nomme un mouvement de saut de cheval.

8 Quel agrès se cache derrière ONLIRAMPET ?

Les gymnastes s'entraînent dur pour présenter des enchaînements parfaits. À chaque nouveau mouvement, ils sont jugés sur la position de leur corps. Élégance et souplesse sont de rigueur.

## La poutre

1 2 3 4

Un enchaînement à la poutre dure 90 secondes. La poutre est un agrès exclusivement féminin, elle mesure 5 m de long pour seulement 10 cm de large. La gymnaste débute son enchaînement en montant sur la poutre par un saut périlleux réalisé depuis un tremplin. Pour exécuter ses acrobaties, elle utilise toute la longueur de l'agrès, termine par un saut et se réceptionne sur un tapis souple.

*L'athlète exécute des lancés de jambes, jambes fermées ou écartées, comme une paire de ciseaux.*

*flip avant*

## Le saut de cheval **7**

Le saut de cheval est un agrès féminin et masculin. Les concurrents effectuent une course d'élan et sautent sur un tremplin pour franchir une plateforme et exécuter, dans les airs, un mouvement acrobatique (salto, vrille) avant de se réceptionner sur leurs deux pieds.

## Le cheval-d'arçons **5** **6**

Pendant toute la durée de l'enchaînement, les jambes du gymnaste ne doivent pas toucher le cheval-d'arçons. Il peut tenir une poignée – ou arçon – ou placer ses mains sur le cheval de cuir rembourré pour se maintenir en équilibre.

*flip arrière*

## Le trampoline **8**

Un enchaînement de trampoline ne doit pas compter plus de dix rebonds. Le trampoline se pratique également en duo, avec des enchaînements synchronisés.

# La GRS

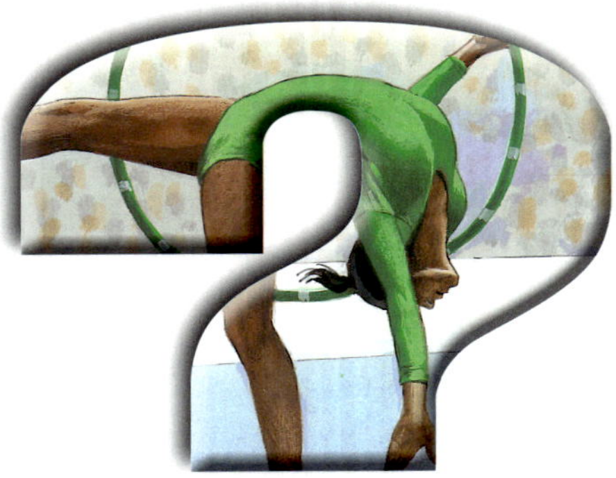

1 En quel tissu un ruban de GRS est-il ?
2 Quelle est la longueur du ruban ?
3 Le cerceau pèse 400 g. Vrai ou faux ?
4 Quel est le diamètre du ballon ?
5 Quels engins de GRS se cachent derrière SASEMSU ?
6 Combien d'athlètes composent une équipe de GRS ?
7 La gymnastique acrobatique est-elle un sport individuel ?
8 Quelle qualité juge-t-on lors du premier enchaînement ?

Une gymnaste de gymnastique rythmique et sportive (GRS) présente un enchaînement incluant le maniement d'engins, comme le ballon ou le ruban. Sa prestation, en musique, associe gymnastique et danse.

**Ruban et cerceau** 1 2 3

Le ruban est attaché à l'extrémité d'un bâton de 60 cm de long maximum. Fabriqué en une seule pièce de satin, il mesure au moins 6 m. Avec ce ruban, l'athlète dessine dans les airs des formes et des figures. Le poids du cerceau n'excède pas 300 g. Pendant l'enchaînement, la gymnaste lui fait effectuer roulers, lancers et rotations.

## Autres engins

4 5

D'un diamètre variant de 18 à 20 cm, le ballon doit rouler tout en restant en équilibre sur le corps de la gymnaste. Avec la corde, cette dernière saute et réalise des formes. Enfin, elle jongle avec les massues.

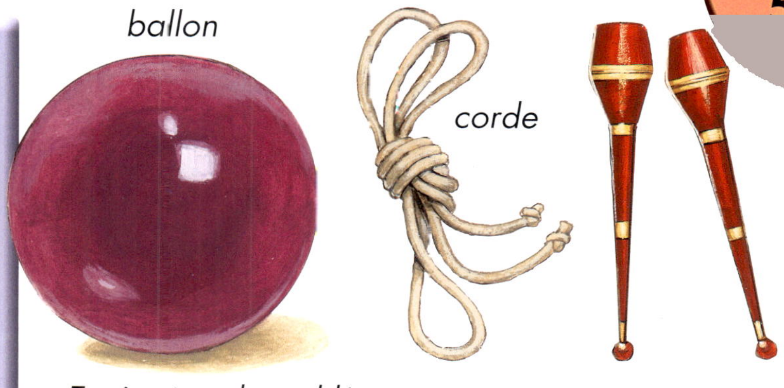


*En équipe, les athlètes se lancent ballon et massues.*

## Par équipes

6

Une équipe de GRS (un sport presque exclusivement féminin) compte six membres. Avec leur corde, les gymnastes dessinent des formes compliquées.

## Des acrobates

7 8

La gymnastique acrobatique se pratique par équipes de deux, trois ou quatre. Chaque équipe réalise trois enchaînements au sol. Le premier permet de juger l'équilibre, le deuxième les sauts et les acrobaties ; enfin, le troisième associe les trois.

# Le karaté

En japonais, le mot *karaté* signifie « main vide ». Ce sport de combat est un art martial qui ne fait appel à aucune arme. Celui qui le pratique s'appelle un karatéka.

**Les gestes** 1 2 3

Au karaté, le corps tout entier participe à chaque geste. La clé empêche l'adversaire d'attaquer. Le blocage est un geste défensif qui arrête l'adversaire durant son attaque. Coups de pied et coups de poing visent des parties bien spécifiques du corps de l'adversaire.

*clé de poignet*

*coup de pied latéral*

*blocage*

**1** À quoi sert une clé ?

**2** À quoi sert un blocage ?

**3** Au karaté, les coups de pied sont interdits. Vrai ou faux ?

**4** D'où le karaté est-il originaire ?

**5** Quelle qualité nécessaire au karatéka se cache derrière ACEEINPT ?

**6** Où se situe le « tranchant » de la main ?

**7** Qu'apprend-on dans un dojo ?

**8** À quoi correspondent les couleurs des ceintures ?

## La philosophie

4 5

Le karaté est originaire des îles du sud du Japon. Pour la plupart de ses adeptes, il est plus qu'un sport, c'est une façon de vivre. Avec lui, le pratiquant apprend la patience, la discipline et la concentration. Beaucoup de Japonais débutent le karaté très jeunes.

## Casser du bois

6

Le coup du tranchant de la main, le plus connu du karaté, est porté avec le côté de la main opposé au pouce. Cette technique permet de casser des planches de bois, mais le coup est surtout employé pour frapper le cou ou les genoux.

*coup de poing*

## Au dojo

7 8

C'est dans le dojo que les karatékas répètent leurs enchaînements. Ils portent des ceintures de couleurs différentes en fonction de leur niveau : blanche pour les débutants, puis jaune, orange, bleue, verte et marron. Le plus haut grade est la ceinture noire.

# Judo et jujitsu

Le judo est un art martial né au Japon dans les années 1880. Il ressemble beaucoup à un autre art martial plus ancien : le jujitsu. Le judo a été le premier art martial à figurer au programme olympique.

**1** Que signifie le mot judo ?

**2** Les prises bien faites sont indolores. Vrai ou faux ?

**3** En compétition, peut-on donner des coups de pied ?

**4** Qu'est-ce qu'un tori ?

**5** Au judo, combien y a-t-il de prises ?

**6** Nomme un mouvement de judo autre que la projection.

**7** Quel art martial se cache derrière IJJSTUU ?

**8** Au jujitsu, à quoi sert une clé de bras ?

### La voie de la souplesse 1 2 3

Judo et jujitsu sont des mots japonais qui signifient « voie de la souplesse ». Un combattant tente de projeter son adversaire au sol et de l'y immobiliser. Lorsque les prises sont pratiquées correctement, elles sont indolores. Au judo, il y a des coups de pied et des coups de poing, mais ils sont interdits en compétition.

## Prises de judo

4 5 6

Au judo, celui qui fait l'action est le tori, celui qui la subit l'uke. Il existe environ quarante prises : la plupart font appel à la hanche, à la main ou au pied du tori – lequel utilise parfois le poids de l'uke pour projeter ce dernier au sol. Le judoka recourt aussi à l'immobilisation, à la soumission…

*UKI-GOSHI (projection par la hanche)*

***1*** *Placer sa hanche contre celle de l'adversaire.*

***2*** *Incliner son buste vers l'avant et utiliser le poids de l'adversaire pour le projeter au sol.*

***3*** *Tenir le bras de l'adversaire quand celui-ci touche le sol.*

*clé de bras*

## Au jujitsu

7 8

Le jujitsu est une technique de combat utilisée par une personne désarmée pour se défendre face à un ennemi armé. La base du jujitsu consiste en une série de clés de bras destinées à immobiliser l'adversaire. Plutôt que la force musculaire et la vitesse, ce sont l'équilibre, les appuis et l'élan qui permettent de venir à bout de son rival.

# Le kung-fu

En chinois, le mot kung-fu signifie « perfectionnement » et désigne une douzaine d'arts martiaux originaires de Chine : tai-chi-chuan, fanzi quan ou do pai…

**1** Qui est Huang Di ?

**2** Il est interdit aux moines d'apprendre le kung-fu. Vrai ou faux ?

**3** Comment s'appelle la version sportive du kung-fu ?

**4** Que signifie wing chun ?

**5** Qu'a de particulier le wing chun ?

**6** Replace les lettres ATI-CIH-NUCHA dans l'ordre et retrouve un art martial.

**7** Le tai-chi-chuan sert-il à se défendre ou à attaquer ?

**8** Où pratique-t-on le tai-chi-chuan ?

### L'histoire du kung-fu 1 2

D'après la légende, les arts martiaux chinois sont inventés par Huang Di, un empereur qui a vécu il y a 5 000 ans. À cette époque, les soldats et les moines bouddhistes pratiquent les arts martiaux. Depuis les temps anciens, cette tradition perdure, certains moines apprenant toujours le kung-fu dans les monastères.

## Le wushu 3

Le wushu – un mot qui signifie « art martial » en chinois – est la version sportive du kung-fu. Des compétitions sont organisées. Il existe aussi des tournois où des équipes se mesurent en réalisant des enchaînements.

## Le wing chun 4 5

Signifiant « printemps éternel », le wing chun est une technique de combat rapproché. Les adversaires doivent conserver leur équilibre et rester détendus afin de réagir le plus vite possible. Chaque geste de wing chun s'utilise en attaque comme en défense.

*Traditionnellement, les pratiquants s'entraînent sur une structure en bois.*

## Le tai-chi-chuan 6 7 8

Bien qu'il signifie « poing de l'apothéose suprême », le tai-chi-chuan est un art martial exclusivement défensif. Ce sport de combat est pourtant considéré surtout comme une alternative à la gymnastique. Les Chinois se retrouvent dans les parcs dès le lever du jour pour le pratiquer.

# Boxe et lutte

Il y a 8000 ans, des tournois de lutte étaient déjà organisés en Asie. Environ 4000 ans plus tard, les premiers combats de boxe ont lieu au Moyen-Orient.

**1** Les boxeurs portent-ils un casque ?

**2** La boxe thaïe autorise les coups avec les genoux. Vrai ou faux ?

**3** Replace les lettres OMNOILEG dans l'ordre et trouve le nom d'un pays.

**4** Quand perd-on un match en lutte mongole ?

**5** Nomme deux disciplines de lutte.

**6** Qu'est-ce qu'une immobilisation ?

**7** D'où le sumo est-il originaire ?

**8** Que sont les écuries des sumotori ?

*casque et gants de boxe*

## La boxe (1)

En boxe, les coups sont portés uniquement avec les poings. Ils peuvent frapper la tête, les bras et le buste de l'adversaire mais ne doivent jamais descendre sous la ceinture. Pendant les combats, les boxeurs portent des gants rembourrés, mais les professionnels ne portent pas de casque.

## La boxe thaïe (2)

Également appelée muay thai, la boxe thaïe autorise les coups donnés avec les mains, les pieds, les genoux et les coudes. Les combats opposent toujours deux adversaires de poids équivalent.

## La lutte mongole 3 4

Les premiers lutteurs sont originaires de Mongolie. Cette discipline se pratique encore là-bas. Le combat, qui n'est pas chronométré, est perdu lorsqu'une partie du corps (n'importe laquelle sauf les pieds) touche le sol.

*lutteurs dans la Mongolie antique*

## La lutte aujourd'hui 5 6

Il existe de nos jours deux disciplines de lutte : la lutte gréco-romaine et la lutte libre. Dans l'une et l'autre, le vainqueur est celui qui parvient à immobiliser son adversaire, en lui tenant les épaules à plat sur le sol.

*lutte gréco-romaine*

## Le sumo 7 8

Le sumo et ses lutteurs de très gros gabarit sont originaires du Japon. Le sumo consiste à pousser son adversaire hors de la zone de combat. Les centres d'entraînement des sumotori s'appellent des écuries.

# GYMNASTIQUE et SPORTS DE COMBAT

## Infos-surprises

**1.** En 1986, l'Américain Mike Tyson devient le plus jeune champion du monde de boxe à 20 ans, 4 mois et 23 jours.

**2.** En 2008, le coup de poing le plus rapide en sport de combat est chronométré à 69,6 km/h. Le champion de kung-fu américain John Ozuna en est l'auteur.

**3.** En 2001, l'Espagnole Esther Moya Salvador réalise 30 soleils en 1 minute, sur la plus haute des barres asymétriques.

**4.** Le KO le plus rapide de l'histoire de la boxe date de 1947, quand Mike Collins terrasse Pat Brownson 4 secondes après le début du combat.

**5.** En 2010, l'athlète turc Alo Bahçetepe casse 1 145 blocs de béton en 1 minute en enchaînant des coups du tranchant de la main.

**6.** En 2011, à 22 ans, le Français Teddy Riner devient le premier judoka de l'Histoire à remporter un 5$^{e}$ titre de champion du monde.

**7.** En 2004, la gymnaste rythmique française Delphine Ledoux enchaîne lancer de bâton, flip arrière et rattrapage de bâton 28 fois en 1 minute.

**8.** En 2004, le plus important tournoi de lutte mongole se tient en Mongolie-Intérieure et réunit 2 048 participants.

**9.** En 1976, aux jeux Olympiques de Montréal, la Roumaine Nadia Comaneci est la première gymnaste à obtenir un 10 aux barres asymétriques.

**10.** Depuis 2003, le Britannique Brian Hudson détient le record du monde du nombre de sauts périlleux enchaînés en trampoline : 3 333.

Chapitre 4

# SPORTS D'ÉQUIPE

# Le football

1 Comment s'appelle le tee-shirt des footballeurs ?

2 Les joueurs peuvent jouer avec le genou. Vrai ou faux ?

3 Sur quel continent le football est-il né ?

4 En quoi étaient les premiers ballons ?

5 Quelle est la taille standard d'un ballon de football ?

6 Pourquoi les joueurs portent-ils des protège-tibias ?

7 Qu'est-ce qu'un joueur professionnel ?

8 Quelles sont les couleurs du Brésil ?

Le football est le sport le plus populaire au monde. Des centaines de millions de supporters regardent à la télévision les meilleures équipes internationales tenter de mettre le ballon dans le but adverse.

*Le vêtement qui couvre le haut du corps du footballeur s'appelle le maillot.*

1

## Le freestyle

2

Le football freestyle consiste à faire des acrobaties avec un ballon, un peu comme si l'on jonglait avec ses pieds. La frappe s'effectue avec toutes les parties du corps – sauf les bras et les mains – et le ballon ne doit pas toucher le sol. Sur le terrain, les footballeurs classiques font aussi preuve d'une grande adresse.

## Les origines

3 4

Il y a 1 000 ans environ, en Angleterre et dans toute l'Europe, les villageois se disputent déjà, de façon assez brutale, la possession d'un ballon – fabriqué avec une vessie de porc !

*Les premiers jeux de ballon comprennent quelques règles…*

*… mais restent assez violents.*

## Un jeu universel

Tout le monde peut jouer au football : il suffit d'un ballon et de délimiter les buts avec ce que l'on a sous la main. Les enfants du monde entier connaissent les règles de base : ils tapent dans un ballon sur la plage, dans les jardins publics et les parcs.

5

*Un ballon de football standard mesure 71 cm de diamètre.*

6

*Les protège-tibias, sous la chaussette, amortissent les éventuels coups de pied.*

*Des crampons sous les semelles évitent de glisser.*

8

*les couleurs de l'équipe du Brésil*

## Stars du foot

7

Un footballeur professionnel est payé pour pratiquer son sport. Ce métier est réservé aux meilleurs joueurs, qui deviennent souvent célèbres quand ils intègrent leur équipe nationale.

# Les règles du jeu

Les règles du football existent depuis plus de deux siècles. La FIFA – l'organisation en charge du football mondial – en est aujourd'hui responsable.

**1** Combien y a-t-il de joueurs sur le terrain ?

**2** Quand y a-t-il coup franc ?

**3** Quand y a-t-il penalty ?

**4** Quelle ligne encadre le terrain ?

**5** Le gardien peut ramasser le ballon n'importe où sur le terrain. Vrai ou faux ?

**6** Quelles sont les couleurs des cartons ?

**7** Replace les lettres SORH-EJU dans l'ordre et trouve le nom d'une règle.

**8** Qui court le long de la ligne de touche ?

### Jeu et fautes

1 2 3

Il y a 11 joueurs dans chaque équipe. Les joueurs se passent le ballon au pied vers la partie de terrain adverse pour marquer un but. Le jeu s'arrête si le ballon sort du terrain ou si une faute est commise. L'équipe victime de la faute a droit à un coup franc. Si la faute a lieu dans la surface de réparation, il y a penalty.

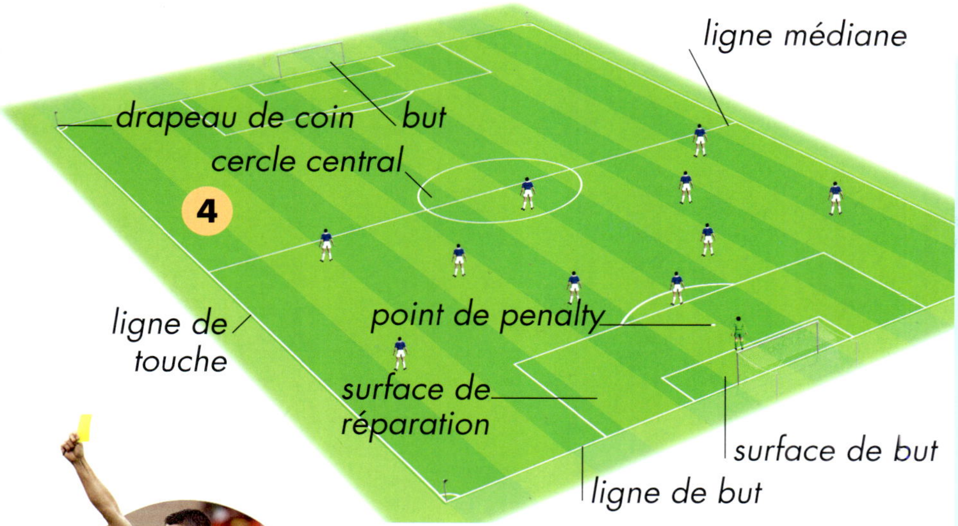


## Le terrain 5

Le gardien peut se saisir du ballon dans la surface de réparation. Si le ballon franchit la ligne de touche, l'équipe adverse effectue la remise en jeu. Si un attaquant frappe le ballon dans la surface, l'équipe adverse obtient un coup de pied de but. Si un défenseur frappe le ballon dans sa surface, l'équipe adverse obtient un corner.

## L'arbitrage 6

L'arbitre juge les fautes lors du match. Un carton jaune est un avertissement, un rouge une exclusion immédiate pour faute grave ou violence.

## Hors-jeu 7 8

L'arbitre assistant court le long de la ligne de touche pour signaler les hors-jeu. Cette règle empêche les attaquants d'attendre le ballon juste devant le but adverse.
Un attaquant est jugé hors-jeu s'il n'y a aucun défenseur entre lui et le but quand il récupère le ballon.

# Le rugby

Qu'il se joue à XV ou à XIII, le rugby oppose deux équipes se disputant un ballon ovale, en le portant, le lançant ou le frappant. Pour gagner, il faut marquer des essais ou passer le ballon au-dessus de la transversale du but.

1 À l'origine, « Rugby » est le nom d'un roi. Vrai ou faux ?

2 Que se passe-t-il si le ballon est lancé vers l'avant ?

3 Replace les lettres IIEALR dans l'ordre et découvre un joueur très rapide.

4 Où les avants s'affrontent-ils ?

5 Les arrières sont-ils menus ou costauds ?

6 Combien de points rapporte un essai ?

7 Comment obtenir des points en plus après un essai ?

8 Existe-t-il un rugby à XIII ?

## La naissance du rugby 1 2

« Rugby » est le nom de l'école de garçons où ce sport est inventé en 1823. La règle de base est de faire progresser le ballon en le frappant vers l'avant, en le portant ou en le lançant vers l'arrière. S'il est lancé en avant ou sort des limites du terrain, le jeu s'arrête et les équipes forment alors une mêlée. Les joueurs se poussent pour tenter de récupérer le ballon.

*mêlée*

*Les ailiers sont des joueurs rapides, qui courent le long du terrain.*

3

## Le rugby à XV

4 5

Le rugby à XV est très populaire. Parmi les 15 joueurs de l'équipe, les plus grands – les avants – participent aux mêlées. Les joueurs plus petits et plus rapides – les arrières – courent avec le ballon pour marquer l'essai.

## Les essais

6 7

Marquer un essai en posant le ballon derrière la ligne au bout du terrain rapporte 5 points. On peut gagner 2 points de plus par une transformation (tir au-dessus de la barre transversale).

## Le rugby à XIII

8

Dans cette variante, quand une équipe attaque, les défenseurs tentent d'arrêter le porteur du ballon en le plaquant. Au bout de six plaquages, la balle revient aux défenseurs, qui passent alors en attaque.

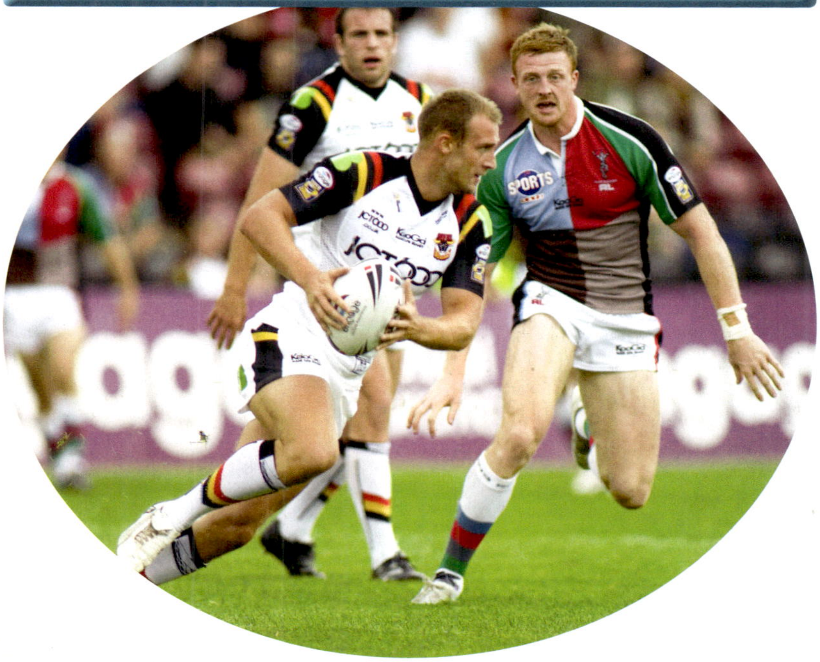

# Le basket-ball

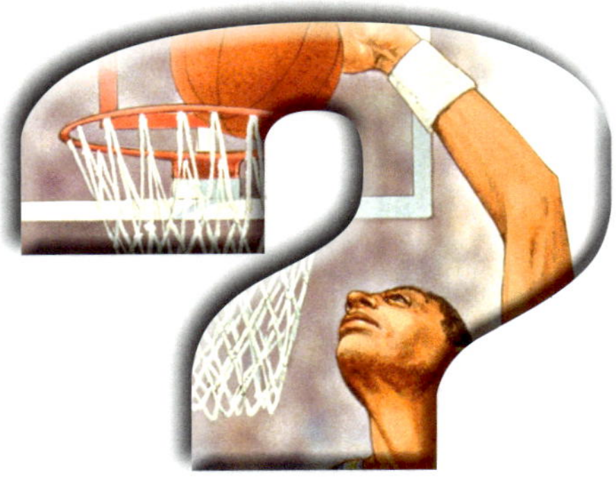

Ce sport ultrarapide oppose deux équipes de cinq joueurs. Il s'agit ici d'envoyer le ballon, toujours à la main, dans le panier situé à l'extrémité du terrain de jeu.

1 Il est interdit de faire rebondir le ballon sur le panneau. Vrai ou faux ?

2 Quel tir rapporte 2 points ?

3 Quel jeu est l'ancêtre du basket-ball ?

4 Que signifie « dribbler » ?

5 Quand un joueur doit-il faire rebondir le ballon ?

6 Pourquoi le ballon est-il strié de lignes ?

7 Quelle est la taille approximative d'un basketteur ?

8 Quel pays se cache derrière TSÉAT-UISN ?

## Le terrain (1) (2)

Un terrain de basket mesure 28 m de long et 15 m de large. Les joueurs peuvent faire rebondir le ballon sur le panneau avant qu'il ne passe dans le panier. Un tir réussi au-delà de l'arc de cercle situé devant le panier rapporte 3 points, 2 si le tir a lieu en deçà de cette ligne.

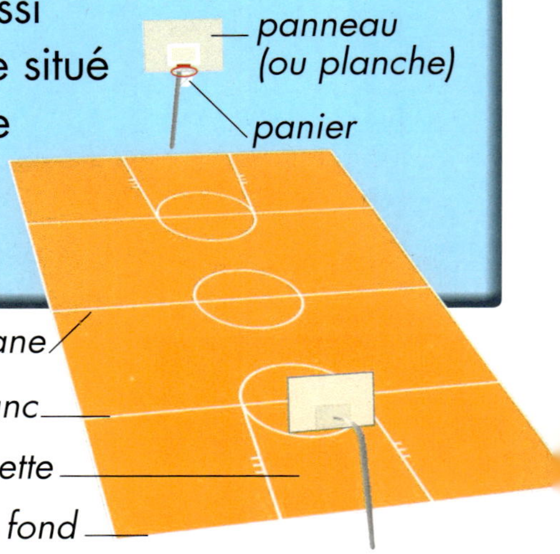

## Le jeu de balle (3)

La forme primitive du basket est le jeu de balle inventé par les Mayas voilà des siècles. Il s'agit alors, pour marquer des points, de faire passer une balle dans un anneau.

## Un match

4 5

Les joueurs dribblent (ils font rebondir le ballon en courant), effectuent des passes puis des tirs pour marquer. Pendant ce temps, l'équipe adverse tente d'intercepter les passes. Il est interdit de toucher la balle du pied. Le joueur doit toujours faire rebondir le ballon d'une main tandis qu'il avance sur le terrain.

6

*Le ballon est strié de lignes creuses pour que les joueurs puissent s'y agripper.*

## Joueurs professionnels

7 8

Il vaut mieux être grand si l'on veut atteindre le panier plus facilement. La plupart des joueurs de basket professionnels mesurent plus de 2 m ! Ils sont nombreux à aller jouer aux États-Unis, le pays qui possède les meilleures équipes du monde et un championnat palpitant.

# Volley-ball et handball

Le volley est un sport d'équipe qui ressemble au badminton et au tennis – mais les joueurs utilisent leurs mains et non une raquette. Le hand, lui, associe foot et basket.

1 Combien y a-t-il de joueurs dans une équipe de volley ?

2 Les joueurs peuvent toucher le ballon quatre fois avant qu'il ne franchisse le filet. Vrai ou faux ?

3 Quand marque-t-on un point au volley ?

4 Peut-on attraper un ballon de volley ?

5 À quoi sert une manchette ?

6 À quelle hauteur le filet se situe-t-il ?

7 Combien y a-t-il de joueurs dans une équipe de hand ?

8 Qui est le READGIN ?

## Le volley-ball

1 2 3

Une équipe compte 6 joueurs. Si le ballon rebondit d'un côté du filet, le point est attribué à l'équipe adverse. Les coéquipiers s'échangent le ballon jusqu'à trois fois avant qu'il ne refranchisse le filet. Une équipe marque quand elle parvient à faire rebondir le ballon sur le terrain adverse.

*service*

*manchette*

## Les gestes du volley

4 5

Au volley, il est interdit d'attraper le ballon : les joueurs doivent uniquement le frapper. Ils renvoient le ballon proche du sol en exécutant une manchette. Au service, le volleyeur lance le ballon pour le frapper.

## Le beach-volley

6

Sur la plage, le sable est doux et amortit les chutes ! Sport olympique, le beach-volley se pratique par équipes de 2. Le filet est à 2 m du sol (comme au volley traditionnel) mais le terrain ne fait que 3 m de large.

*L'équipe défensive arrête le ballon.*

## Le handball

7 8

Une équipe de handball compte 7 joueurs. Seul le gardien a le droit de toucher la balle avec ses pieds. Le hand est un jeu ultrarapide : on ne doit rester immobile que 3 secondes ! Une équipe peut marquer 20 buts par match.

# Le hockey

Sur glace ou sur gazon, les hockeyeurs marquent des buts à l'aide d'une crosse : un long bâton recourbé. Le hockey est très ancien : il y a 2 600 ans, les Grecs de l'Antiquité y jouaient déjà.

1 Au hockey, avec quel côté de la crosse frappe-t-on la balle ?

2 Quel pays adepte du hockey se cache derrière KINPASAT ?

3 Le hockey est-il un sport olympique ?

4 En quelle matière un palet est-il fabriqué ?

5 Combien de joueurs d'une même équipe de hockey patinent ?

6 Pourquoi le hockey sur glace peut-il être dangereux ?

7 À quelle vitesse un palet glisse-t-il ?

8 Le gardien arrête le palet à la main. Vrai ou faux ?

## Sur gazon

1

La forme la plus ancienne du hockey se joue sur un terrain gazonné d'une taille proche de celle d'un terrain de foot. La balle est en plastique dur. Les joueurs frappent la balle à l'aide du côté plat de leur crosse. Celle-ci est en bois ou en plastique, jamais en métal.

*Les femmes comme les hommes jouent au hockey sur gazon.*

## International ! 2 3

Ce sport est très populaire dans certains pays, comme l'Inde ou le Pakistan, qui possèdent les meilleures équipes nationales. Tous les quatre ans, les 12 premières équipes du monde s'affrontent en Coupe du monde. Le hockey sur gazon, comme sa version sur glace, est un sport olympique.

*Les joueurs de hockey sur glace portent un casque et des protections.*

## Sur glace 4 5 6

Les hockeyeurs sur glace ne se disputent pas une balle mais un palet, une rondelle de caoutchouc qui glisse très vite. Une équipe rassemble 6 membres sur la patinoire – 5 de moins que sur le gazon. En raison de la vitesse, le hockey peut être dangereux.

*palet de hockey sur glace*

## Dans la cage 7 8

Un palet peut atteindre 160 km/h ! C'est pourquoi le gardien porte des protections épaisses et un casque grillagé. Pour arrêter le palet, sa crosse est plus large que celles de ses coéquipiers.

# Base-ball et softball

1 Où le lanceur se tient-il ?

2 Qu'est-ce qui caractérise un gant de base-ball ?

3 Qui valide les points et se cache derrière BERIRAT ?

4 Le home run est le dernier point du match. Vrai ou faux ?

5 Une balle de base-ball est-elle plus grosse qu'une balle de softball ?

6 Comment lance-t-on au softball ?

7 Au softball, y a-t-il un monticule ?

8 Comment s'appelle le softball rapide ?

Au base-ball, le frappeur doit envoyer la balle assez loin pour lui donner le temps d'atteindre les quatre bases du diamant, disposées en losange. Ses adversaires l'éliminent s'ils rattrapent la balle entre-temps.

## À la batte 1 2 3

Le lanceur se tient sur le marbre et envoie la balle dans le gant (aux doigts cousus entre eux) du receveur. Le batteur a trois tentatives pour frapper la balle, sinon il est éliminé. L'arbitre valide la « prise » (ou strike) si la balle est dans la zone de prise.

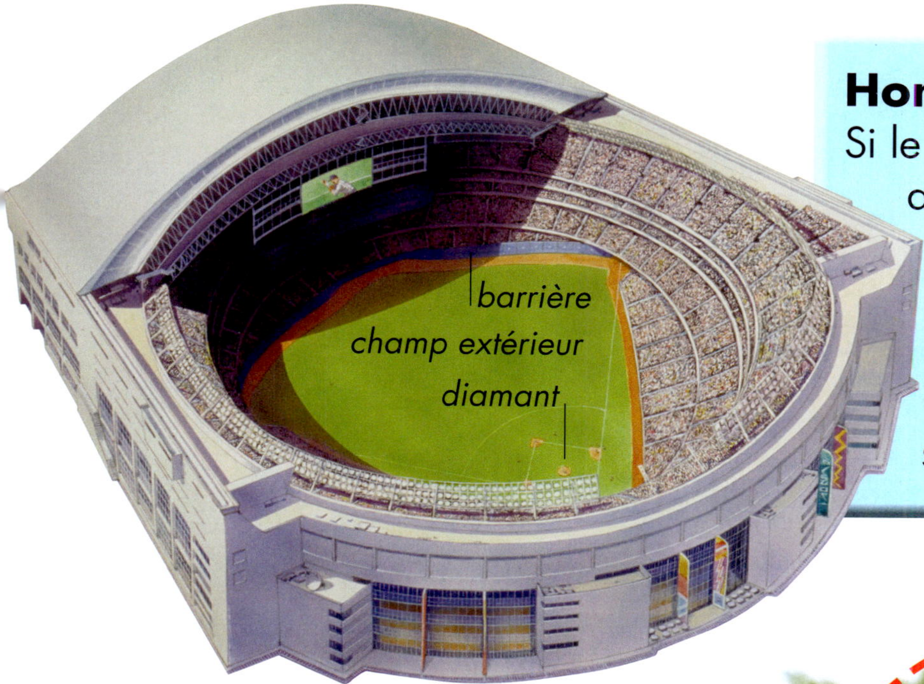


## Home runs 4

Si le batteur envoie la balle au-delà des limites du terrain, voire hors du stade – son équipe marque un home run, car ses coéquipiers peuvent atteindre toutes les bases sans risque d'élimination.

*gant et balle de softball*

*balle de base-ball*

*lancer par en dessous en moulinet (extrêmement rapide)*

## Le softball 5 6

Ce sport est très similaire au base-ball. Toutefois, la balle est plus grosse (et plus molle) qu'au base-ball, et les lancers s'effectuent toujours par en dessous : le jeu est alors plus lent… mais plus facile.

*Au softball, le lanceur ne se tient pas sur un monticule.* 7

## Le fastpitch 8

Le softball joué par les professionnels (des femmes essentiellement) s'appelle le fastpitch (« lancer rapide »).
La balle est lancée par en dessous dans un mouvement de moulinet qui la propulse en ligne droite.

# Le football américain

Ce sport se pratique surtout aux États-Unis. Pour atteindre la zone d'en-but adverse, une équipe met au point des tactiques. Si elle y parvient, c'est le touchdown.

**1** Quel joueur se cache derrière KRAQATUBEC ?

**2** Qu'est-ce qu'un down ?

**3** Comment plaque-t-on un adversaire ?

**4** Quelles protections tous les joueurs portent-ils ?

**5** À quoi servent les lignes du ballon ?

**6** Un ballon mesure 30 cm de long. Vrai ou faux ?

**7** Quel est l'autre nom du football américain ?

**8** Que mesurent les lignes sur le terrain ?

### La ligne d'engagement 1 2

Se faisant face, chaque équipe forme une ligne d'engagement. Les attaquants récupèrent le ballon en le lançant au quarterback, qui tente de le faire progresser de 10 yards : il dispose de quatre tentatives (downs). En cas d'échec, il rend le ballon aux adversaires ; sinon il bénéficie à nouveau de quatre downs pour avancer.

## Protections

3 4

Les joueurs plaquent leur adversaire en se projetant sur lui à pleine vitesse. Ils portent un casque et des épaulières. Les protections des joueurs les plus susceptibles d'être plaqués recouvrent tout leur corps.

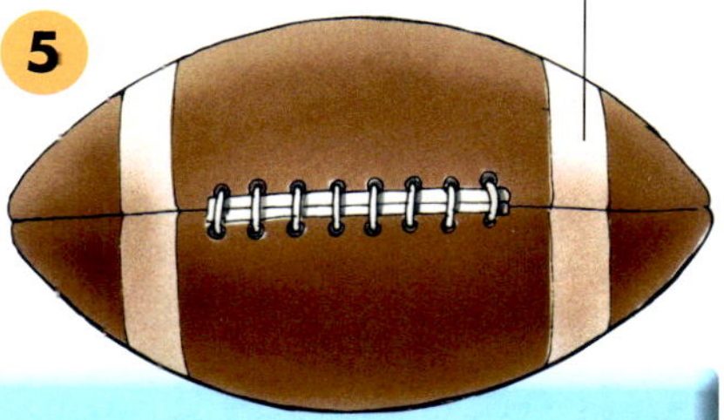


5

## Le ballon

6

Un ballon de football américain mesure 30 cm de long. Ses extrémités sont allongées pour plus de vitesse. Il est en plastique rugueux pour ne pas glisser.

## Le terrain

7 8

Le football américain est parfois appelé *gridiron,* ce qui signifie « gril » et rappelle les lignes qui strient le terrain. Ces lignes permettent de visualiser combien de yards il reste à parcourir et de positionner les lignes d'engagement.

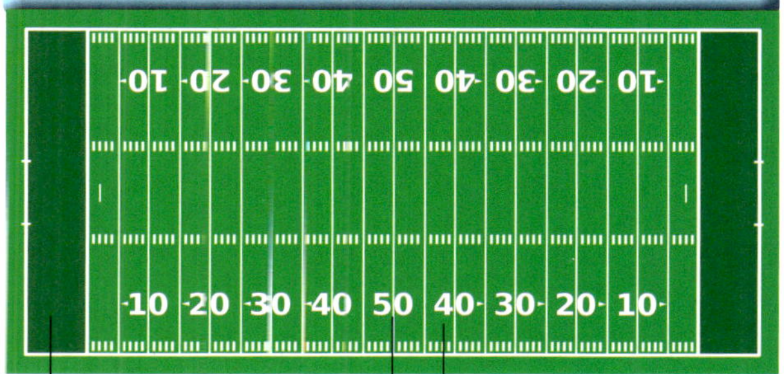

# Les SPORTS D'ÉQUIPE
## Infos-surprises

**1.** Avec 109 buts, le footballeur iranien Ali Daei détient le record du plus grand nombre de buts marqués en matchs internationaux.

**2.** Le Pakistan a remporté quatre Coupes du monde de hockey sur gazon.

**3.** Le plus gros nombre de points marqués dans un match de rugby international est de 164 (victoire de Hong Kong sur Singapour en 1994).

**4.** Le plus grand joueur du Basketball Hall of Fame est Arvydas Sabonis : il mesure 2,21 mètres.

**5.** Le plus long match de volley de l'Histoire (60 heures) a eu lieu à l'université VU, à Amsterdam (Pays-Bas), en 2008.

**6.** De 1975 à 1987, le hockeyeur sur glace canadien Doug Jarvis a joué 964 matchs d'affilée, sans jamais rater une seule rencontre.

**7.** Le Brésilien Edson Arantes do Nascimento, dit « Pelé », est le seul footballeur de l'Histoire à avoir remporté trois Coupes du monde (1956, 1962 et 1970).

**8.** En 2001, le handballeur suédois Jonas Källman marque huit buts en 30 secondes – un record.

**9.** Entre 1986 et 2007, le base-balleur américain Barry Bonds marque 762 home runs.

**10.** Le plus gros score dans un match de football américain est 51-45, soit 96 points marqués lors de la victoire des Arizona Cardinals sur les Green Bay Packers en 2010.

Chapitre 5

# Les JEUX OLYMPIQUES

# Les Jeux antiques

1 Nomme une épreuve figurant aux Jeux antiques et aux Jeux modernes.

2 Que porte un hoplite lorsqu'il court ?

3 Un javelot est une épée. Vrai ou faux ?

4 Quels coups le pancrace interdit-il ?

5 Quelle armée les Grecs ont-ils défaite en 490 av. J.-C. ?

6 Replace les lettres NAARHTOM dans l'ordre et trouve le nom d'une course.

7 Où les Minoens vivaient-ils ?

8 Comment connaît-on le saut de taureau ?

Les premiers jeux Olympiques de l'Antiquité ont lieu en Grèce en 776 av. J.-C. Tous les quatre ans, des athlètes s'affrontent sur le stade d'Olympie. Les vainqueurs reçoivent une couronne d'olivier.

*disque*

### Hier et aujourd'hui 1 2

Certains sports antiques figurent toujours au programme des Jeux modernes. C'est le cas du lancer de disque, un engin métallique qu'il faut projeter le plus loin possible. Comme aujourd'hui, les athlètes des Jeux antiques s'affrontaient en courant sur la piste du stade – mais en étant nus (courses d'hoplites mises à part, où les concurrents portaient leur armure).

*coureurs*

## L'adresse

3 4

Les épreuves des Jeux se basent sur la force et la vitesse, mais aussi sur l'adresse des guerriers. Les soldats qui excellent à la lance participent aux épreuves de javelot ; les spécialistes du combat rapproché disputent le pancrace, une lutte où tous les coups sont permis.

## Le marathon

5 6

En 490 av. J.-C., le soldat Phidippidès court de Marathon jusqu'à Athènes pour annoncer la victoire grecque sur l'armée de Perse. Il parcourt 42 195 m, la distance de la course d'endurance aujourd'hui appelée « marathon ».

## Le saut de taureau

7 8

Des fresques et des sculptures nous apprennent qu'il y a 4 000 ans environ, les Minoens vivant sur l'île de Crète réalisent des sauts par-dessus des taureaux – probablement à la fois un sport et une pratique religieuse.

# Les Jeux d'été

Les premiers Jeux d'été de l'ère moderne se tiennent à Athènes en 1896. Depuis cette date, ils sont organisés tous les quatre ans dans une ville différente. Plus de 10 000 athlètes y participent.

1 Par quoi les Jeux d'été débutent-ils ?

2 Replace les lettres MIELOYP dans l'ordre et trouve d'où vient la flamme.

3 Il y a 100 épreuves aux Jeux d'été. Vrai ou faux ?

4 Où les épreuves de sauts et de lancers se disputent-elles ?

5 Comment appelle-t-on une course éliminatoire ?

6 Quelle est la durée d'un 100 mètres ?

7 Où a lieu la remise de médailles ?

8 En quels métaux sont les médailles ?

**La cérémonie d'ouverture** 1 2

Les Jeux d'été débutent par une spectaculaire cérémonie d'ouverture. Les athlètes de plus de 200 pays défilent dans le stade. Les Jeux s'ouvrent officiellement quand une vasque est embrasée par la flamme olympique portée en relais depuis le site d'Olympie.

*saut en hauteur*

## Les épreuves 3 4

Il y a quelque 300 épreuves aux Jeux d'été, depuis la voile jusqu'à l'équitation. L'athlétisme rassemble le plus grand nombre de disciplines. Les sauts et les lancers se disputent à l'intérieur de la piste : saut en hauteur, saut en longueur, saut à la perche, lancer du disque, etc.

## Les courses 5 6

Les coureurs participent à des séries – éliminatoires – afin de se qualifier pour la finale. Suivie à la télévision par des millions de gens, la course la plus populaire est le 100 mètres masculin, qui dure moins de 10 secondes !

*100 mètres masculin*

*argent* *or* *bronze*

## Les médailles 7 8

Les trois premiers de chaque épreuve olympique remportent une médaille. Pour la recevoir, ils montent sur un podium. Le vainqueur (médaille d'or) prend place au milieu. La médaille du deuxième est en argent ; celle du troisième en bronze.

# Les Jeux d'hiver

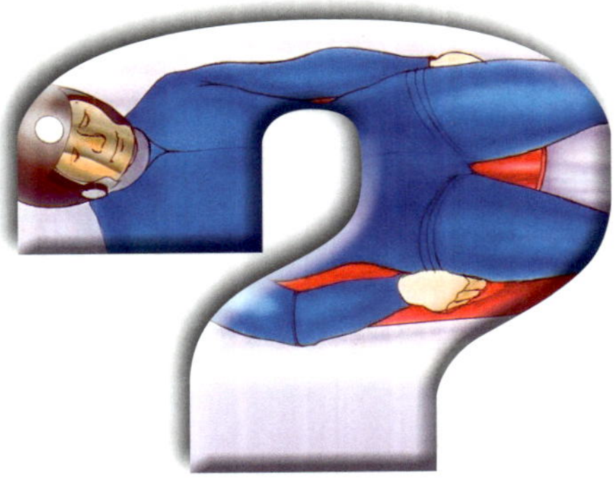

**L**es jeux Olympiques d'hiver se déroulent deux ans après les Jeux d'été. Les premiers Jeux d'hiver sont organisés à Chamonix (France) en 1924 et ne cessent depuis de prendre de l'importance.

**Le curling** 1 2 3

L'objectif du curling est de propulser une pierre dans une cible ronde, appelée « maison ». C'est le capitaine de l'équipe qui fait glisser la pierre sur la piste englacée de près de 45 m de long. Deux coéquipiers balaient la glace devant la pierre, pour contrôler sa trajectoire et sa vitesse.

**1** Quel est le nom de la cible de curling ?

**2** Qui pousse la pierre au curling ?

**3** Comment contrôle-t-on la trajectoire de la pierre de curling ?

**4** Combien mesure un ski de saut ?

**5** Replace les lettres HSLEBBOIG dans l'ordre et découvre le plus rapide des sports olympiques.

**6** Avec quoi le lugeur s'arrête-t-il ?

**7** En skeleton, le lugeur est allongé pieds en avant. Vrai ou faux ?

**8** En skeleton, avec quoi se dirige-t-on ?

## Le saut à ski

4

Chaussé de skis de 3 m de long, le skieur s'élance du haut d'un gigantesque tremplin, prend son envol et s'allonge, parallèlement à ses skis, pour atterrir le plus loin possible.

*bob à deux*

## Le bobsleigh

5

Le bobsleigh se pratique par équipe de deux ou de quatre. C'est le plus rapide des sports olympiques, car un bob va jusqu'à 150 km/h ! Les coéquipiers poussent le bob pour lui donner de l'élan puis sautent dedans.

*lugeur*

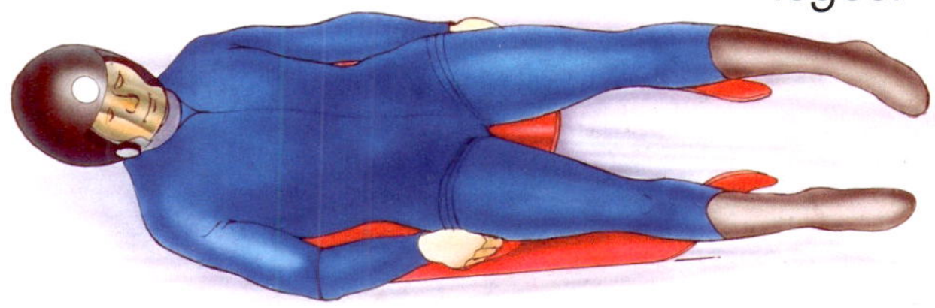

## Luge et skeleton

6 7 8

La luge se pratique sur une piste de bobsleigh : le lugeur s'arrête avec ses pieds. En skeleton, le concurrent, allongé sur le ventre, tête face à la descente, dirige son engin grâce aux crampons sous ses chaussures.

# Les jeux Paralympiques

1 Qui pratique le football handisport ?

2 Comment les joueurs repèrent-ils le ballon ?

3 Qu'est-ce qu'une prothèse ?

4 Quelle épreuve paralympique se cache derrière ASTU NE EGULUNOR ?

5 Certains athlètes courent en fauteuil. Vrai ou faux ?

6 Quelle vitesse un fauteuil roulant peut-il atteindre ?

7 Où le marathon handisport a-t-il lieu ?

8 Depuis quand le tennis de table figure-t-il au programme ?

Les jeux Paralympiques s'ouvrent quelques jours après les jeux Olympiques. Le préfixe « para » signifie à côté de. Tous les athlètes qui y participent souffrent d'un handicap.

**Le football** 1 2

Aux jeux Paralympiques, les déficients visuels jouent au football à cinq. Les footballeurs mal-voyants et non-voyants pratiquent ce handisport les yeux bandés, afin qu'ils aient tous le même déficit visuel. Ils localisent le ballon grâce à la clochette que celui-ci renferme.

## L’athlétisme 3

L’athlétisme rassemble beaucoup de concurrents. Les épreuves comprennent : course, sauts, marathon et lancer du disque. Les athlètes sont équipés d’une prothèse flexible, qui remplace leur membre manquant.

*saut en longueur* 4

*marathonien*

## Les courses 5 6 7

Les athlètes qui ne peuvent marcher participent à des courses en fauteuil. Un fauteuil de course est équipé d’au moins trois roues. Le sportif fait tourner les roues avec ses mains. Certains réalisent des pointes à 30 km/h. Les courses de sprint se déroulent sur la piste du stade ; les courses d’endurance ont lieu sur route.

## Le tennis de table 8

Au programme depuis les premiers Jeux de 1960, ce handisport, qui réclame énormément d’adresse, possède deux catégories : pongistes debouts et joueurs en fauteuil.

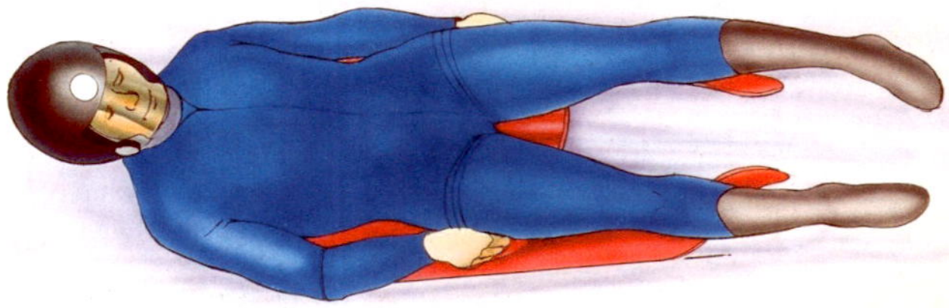

# Les JEUX OLYMPIQUES
## Infos-surprises

**1.** En 2011, le nageur américain Michael Phelps détient 14 médailles d'or olympiques, plus que tout autre athlète.

**2.** Le sportif vainqueur du plus grand nombre de médailles d'or en une seule olympiade est également Michael Phelps (8, à Pékin en 2008).

**3.** Le navigateur autrichien Hubert Raudaschl et le cavalier canadien Ian Millar ont participé à 9 olympiades consécutives.

**4.** De 1980 à 2004, Trischa Zorn, nageuse non voyante, remporte 55 médailles aux jeux Paralympiques, dont 41 en or.

**5.** La plus importante équipe de l'histoire des Jeux est la délégation chinoise des Jeux de Pékin de 2008 : 639 athlètes.

**6.** Le Liechtenstein détient le record du plus grand nombre de médailles olympiques par habitant.

**7.** La plus petite équipe olympique de l'Histoire est celle de la Dominique, en 2008 : deux athlètes seulement.

**8.** Les États-Unis détiennent le record du plus grand nombre de médailles d'or. Les athlètes américains en ont remporté 1 016 en 46 Jeux.

**9.** Le plus vaste stade olympique est le Stadium Australia de Sydney ; il peut accueillir 110 000 personnes.

**10.** À ce jour, les États-Unis ont organisé le plus grand nombre de Jeux modernes : quatre Jeux d'été et quatre Jeux d'hiver.

# Réponses

**As-tu bien répondu à toutes les questions ?**
Les pages suivantes t'aideront à vérifier tes réponses
et à tester tes connaissances !

# Le SPORT, c'est FUN !

## Le tennis

*pages 8-9*

**1** Quand le tennis est-il inventé ?

*En 1873*

**2** Que gagne le vainqueur d'un tournoi ?

*De l'argent*

**3** Le service est le dernier coup d'un échange. Vrai ou faux ?

*Faux*

**4** Replace les lettres EERRSV dans l'ordre et découvre un coup joué au tennis.

*Revers*

**5** Quand un coup devient-il une volée ?

*Quand la balle est renvoyée avant son rebond.*

**6** En quel matériau sont les raquettes ?

*En fibre de verre*

**7** Quel matériau recouvre une balle ?

*Du feutre*

**8** Combien de joueurs disputent un double ?

*4*

## Autres sports de raquette

*pages 10-11*

**1** Trouve le sport qui se cache derrière TNIBANMDO.

*Badminton*

**2** Quelle est la forme d'un volant ?

*Conique*

**3** Le tennis de table est inventé vers 1970. Vrai ou faux ?

*Faux*

**4** Pourquoi le tennis de table est-il aussi appelé ping-pong ?

*À cause du bruit de rebond de la balle*

**5** Pourquoi les côtés d'une raquette de squash sont-ils droits ?

*Pour aller chercher les balles très près du mur*

**6** Quelles raquettes sont ultralégères ?

*Les raquettes de badminton*

**7** Une balle de squash est-elle dure ?

*Non*

**8** Au squash, la balle a-t-elle le droit de rebondir deux fois ?

*Non*

## Le golf

*pages 12-13*

**1** Replace les lettres RAIFAWY dans l'ordre et découvre une zone du terrain.

*Fairway*

**2** Il y a 9 trous sur tous les parcours. Vrai ou faux ?

*Faux*

**3** Comment s'appellent les herbes hautes ?

*Le rough*

**4** Comment un joueur repère-t-il le trou ?

*Grâce au drapeau*

**5** Où un joueur utilise-t-il son putter ?

*Sur le green*

**6** Qu'est-ce qu'un bunker ?

*Une zone de sable*

**7** Combien de clubs un joueur peut-il utiliser ?

*14*

**8** Le bois sert aux coups longs. Vrai ou faux ?

*Vrai*

## Le cyclisme

*pages 14-15*

**1** Que signifie BMX ?

*Bicyclette motocross*

**2** Que porte le premier du Tour de France ?

*Le maillot jaune*

**3** Quand le premier Tour de France a-t-il eu lieu ?

*En 1903*

**4** En quoi le Tour de France est-il divisé ?

*En étapes*

**5** Replace les lettres DÉELMOORV dans l'ordre et trouve une piste.

*Vélodrome*

**6** Quelle vitesse les cyclistes sur piste atteignent-ils ?

*85 km/h*

**7** Les vélos de piste n'ont pas de freins. Vrai ou faux ?

*Vrai*

**8** Quel est l'autre nom du VTT ?

*Vélo de montagne*

## Skate et roller

*pages 16-17*

**1** Comment appelle-t-on un saut exécuté en skateboard ?

*Un ollie*

**2** À quoi sert un half-pipe ?

*À réaliser des figures*

**3** En quel matériau la planche d'un skate est-elle fabriquée ?

*En bois*

**4** Par quoi les roues d'un skate sont-elles reliées à la planche ?

*Par les essieux*

**5** Combien y a-t-il de roues sur un patin ?

*4*

**6** À quoi sert le butoir ?

*À freiner*

**7** Replace les lettres LORREL NE EGILN dans l'ordre et trouve un type de patin.

*Roller en ligne*

**8** Un patinodrome est un circuit où patiner. Vrai ou faux ?

*Vrai*

## L'équipement du cavalier

*pages 18-19*

**1** À quoi servent les guêtres ?

*À éviter les blessures aux jambes*

**2** Replace les lettres DJHUPRO dans l'ordre et trouve un pantalon.

*Jodhpur*

**3** Comment s'appelle le casque du cavalier ?

*Une bombe*

**4** En quel matériau est fabriquée une selle ?

*En cuir*

**5** Que glisse-t-on dans des étriers ?

*Les pieds*

**6** Comment s'appelle la courroie autour de la tête du cheval ?

*La bride*

**7** Comment s'appelle la pièce métallique fixée à la bride ?

*Le mors*

**8** Le mors est relié aux rênes. Vrai ou faux ?

*Vrai*

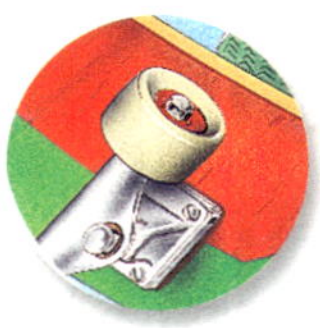

# L'équitation

*pages 20-21*

**1** Que signifie monter ?

*Faire du cheval*

**2** De quel côté monte-t-on sur un cheval ?

*Par le côté gauche*

**3** Que tient-on dans la main lorsque l'on monte sur un cheval ?

*Les rênes et la crinière*

**4** Le trot est l'allure la plus lente d'un cheval. Vrai ou faux ?

*Faux*

**5** Quel est à ce jour le record du monde de vitesse au galop ?

*28 km/h*

**6** Quelle épreuve se cache derrière ABCELOST ?

*Obstacle*

**7** Qui gagne une compétition de saut d'obstacles ?

*Le plus rapide et le plus adroit*

**8** Au saut d'obstacles, quand est-on pénalisé ?

*Quand le cheval renverse une barrière ou refuse de sauter.*

# L'escalade

*pages 22-23*

**1** Nomme un dispositif de sécurité relié à la corde.

*Baudrier*

**2** Peut-on apprendre l'escalade en salle ?

*Oui*

**3** En quoi est fait un mur artificiel ?

*En plastique dur*

**4** Pourquoi les grimpeurs utilisent-ils de la craie ?

*Pour une meilleure prise*

**5** L'escalade libre se pratique sans corde de sécurité. Vrai ou faux ?

*Faux*

**6** Quelle technique se cache derrière AELPPR ?

*Rappel*

**7** Comment descend-on en rappel ?

*En se laissant descendre progressivement.*

**8** Sur quoi les blessés sont-ils allongés ?

*Sur des brancards ultralégers*

# La natation

*pages 24-25*

**1** Quel est le lieu le plus sûr pour nager ?
*La piscine municipale*

**2** Quel accessoire se cache derrière EELNSTTU ?
*Lunettes*

**3** En compétition, il existe cinq styles de nage. Vrai ou faux ?
*Faux*

**4** En nage libre, quelle nage est choisie par les concurrents ?
*Le crawl*

**5** Quel style de nage est aussi un insecte ?
*Le papillon*

**6** Quelles figures un plongeur exécute-t-il ?
*Des vrilles et des sauts périlleux*

**7** La natation synchronisée se fait-elle en musique ?
*Oui*

**8** Que signifie l'adjectif « synchronisé » ?
*En même temps*

# Sur l'eau

*pages 26-27*

**1** Donne un synonyme de planche à voile.
*Windsurf*

**2** Combien de marins un gros voilier peut-il compter ?
*25*

**3** En aviron, les rameurs sont dos à la ligne d'arrivée. Vrai ou faux ?
*Vrai*

**4** En aviron, qui dirige l'embarcation ?
*Le barreur*

**5** Comment s'appelle un pilote de canoë ?
*Un céiste*

**6** Quel peuple fut le premier à surfer ?
*Les habitants des îles du Pacifique*

**7** En quel matériau les surfs sont-ils fabriqués ?
*En fibre de verre*

**8** Quand un surfeur porte-t-il une combinaison ?
*Quand l'eau est froide.*

# Les SPORTS D'HIVER

## Le ski alpin

*pages 30-31*

**1** Comment s'appelle le chemin tracé dans la neige?

*Une piste*

**2** Quel nom porte la machine qui tasse la neige d'une piste?

*La dameuse*

**3** Une piste de ski pour débutants est bleue. Vrai ou faux?

*Faux*

**4** Comment les skieurs grimpent-ils en haut?

*Ils utilisent des télésièges.*

**5** Où se rend-on pour apprendre à skier?

*À l'école de ski*

**6** Qu'est-ce qu'un slalom?

*Une course en zigzag le long d'un parcours*

**7** Quel type de course se cache derrière CEDENEST?

*Descente*

**8** Que revêtent les skieurs professionels?

*Une combinaison très ajustée*

## Le ski de fond

*pages 32-33*

**1** Un ski de fond est large et court. Vrai ou faux?

*Faux*

**2** Pourquoi l'extrémité des skis est-elle recourbée?

*Pour avancer dans la poudreuse*

**3** À quel niveau du pied le ski est-il attaché?

*À l'avant*

**4** Pourquoi les fondeurs utilisent-ils des bâtons?

*Pour s'aider à glisser*

**5** Peut-on marcher avec des skis?

*Non*

**6** Pourquoi les raquettes ne s'enfoncent-elles pas dans la neige?

*Parce que le poids est également réparti.*

**7** Quand les raquettes ont-elles été inventées?

*Il y a plus de 6 000 ans.*

**8** Replace les lettres TEOGTU D'AUE dans l'ordre et trouve la forme des raquettes.

*Goutte d'eau*

# Le snowboard

*pages 34-35*

**1** Un snowboard glisse-t-il vers l'avant?
*Il glisse dans les deux sens.*

**2** Que met-on pour améliorer la glisse?
*De la cire sur la semelle*

**3** Sur un snowboard, on se tient de face. Vrai ou faux?
*Faux*

**4** Le snowboard figure-t-il aux JO?
*Oui, depuis 1998.*

**5** Quel est l'autre nom du boardercross?
*Snowboard cross*

**6** Combien y a-t-il de concurrents dans une course de boardercross?
*4*

**7** À quoi sert une rampe?
*À exécuter des figures et des sauts périlleux*

**8** Replace les lettres FLAH-IEPP dans l'ordre et trouve le nom de la rampe.
*Half-pipe*

# Le patinage

*pages 36-37*

**1** Quel est le lieu le plus sûr pour patiner?
*Une patinoire intérieure*

**2** Comment gèle-t-on la glace d'une patinoire intérieure?
*Grâce à un réseau souterrain de pompes où circule un produit qui refroidit l'eau.*

**3** Quel sport se cache derrière CEHKOY RSU ACEGL?
*Hockey sur glace*

**4** Où patine-t-on dans les pays nordiques?
*Sur des lacs gelés*

**5** Où sont nés les patins équipés d'une lame en os?
*En Finlande*

**6** Les patineurs peuvent atteindre 100 km/h. Vrai ou faux?
*Faux*

**7** Un patineur de vitesse peut-il pousser un adversaire?
*Non*

**8** En quoi la lame d'un patin actuel est-elle?
*En acier*

# Danser sur la glace

*pages 38-39*

**1** La danse sur glace peut-elle se pratiquer en couple?

*Oui*

**2** Les juges attribuent une note de 0 à 10. Vrai ou faux?

*Faux*

**3** Cite deux figures de patinage.

*Saut, spirale, pirouette.*

**4** Qu'est-ce qu'un porté?

*Quand un patineur soulève sa partenaire.*

**5** Replace les lettres TLALEB dans l'ordre et trouve un type de danse sur glace.

*Ballet*

**6** Quels patins les patineurs artistiques portent-ils?

*Des patins à chaussures montantes*

**7** Quelle est la partie en métal d'un patin?

*La lame de la semelle*

**8** À quoi servent les dents d'un patin?

*À accrocher la glace pour que le patineur puisse s'arrêter.*

# Autres sports d'hiver

*pages 40-41*

**1** Peut-on escalader une cascade en été?

*Non*

**2** À quoi sert un piolet?

*À s'agripper à la paroi*

**3** Replace les lettres PRCMANO dans l'ordre et trouve une pointe placée sous une chaussure.

*Crampon*

**4** Un toboggan est une luge. Vrai ou faux?

*Vrai*

**5** Pourquoi les grandes luges sont-elles très rapides?

*Parce qu'elles sont équipées de deux skis.*

**6** Quels animaux courent en tirant des traîneaux?

*Des chiens*

**7** Un husky est un type de course. Vrai ou faux?

*Faux*

**8** Qu'est-ce qu'un musher?

*Le conducteur d'un traîneau de chiens*

# GYMNASTIQUE et

## La gymnastique artistique

*pages 44-45*

**1** Donne un synonyme d'agrès.
*Appareils*

**2** En compétition, qui attribue les points ?
*Des juges*

**3** Quel agrès se cache derrière RUEOTP ?
*Poutre*

**4** À quoi sert le grand tapis carré ?
*Aux enchaînements au sol*

**5** Qui effectue un enchaînement en musique ?
*Les femmes*

**6** Nomme deux mouvements de gymnastique.
*Roulade, saut, renversement.*

**7** Les mouvements valent-ils tous le même nombre de points ?
*Non*

**8** On perd un point en chutant. Vrai ou faux ?
*Vrai*

## Barres et anneaux

*pages 46-47*

**1** Qui concourt aux barres asymétriques ?
*Les femmes*

**2** Que fait la gymnaste pour quitter les barres asymétriques ?
*Elle exécute un saut périlleux*

**3** Quel agrès masculin se cache derrière RERAB XIEF ?
*Barre fixe*

**4** Qu'est-ce qu'un soleil ?
*Un tour complet très rapide*

**5** Quelle est la longueur des barres parallèles ?
*3,50 m*

**6** Les femmes font des anneaux. Vrai ou faux ?
*Faux*

**7** Pourquoi les gymnastes portent-ils des bandages ?
*Pour éviter les blessures*

**8** Nomme une phase d'arrêt aux anneaux.
*Croix maltaise ou croix de fer*

# SPORTS DE COMBAT

## Autres agrès

*pages 48-49*

**1** Combien de temps un enchaînement à la poutre dure-t-il ?

*90 secondes*

**2** La gymnaste monte sur une marche pour atteindre la poutre. Vrai ou faux ?

*Faux*

**3** Quelle est la longueur de la poutre ?

*5 m*

**4** Quelle est sa largeur ?

*10 cm*

**5** Qu'est-ce qu'un arçon ?

*Une poignée*

**6** De quel matériau le cheval-d'arçons est-il recouvert ?

*De cuir*

**7** Nomme un mouvement de saut de cheval.

*Salto ou vrille*

**8** Quel agrès se cache derrière ONLIRAMPET ?

*Trampoline*

## La GRS

*pages 50-51*

**1** En quel tissu un ruban de GRS est-il ?

*En satin*

**2** Quelle est la longueur du ruban ?

*Au moins 6 m*

**3** Le cerceau pèse 400 g. Vrai ou faux ?

*Faux*

**4** Quel est le diamètre du ballon ?

*Son diamètre varie de 18 à 20 cm.*

**5** Quels engins de GRS se cachent derrière SASEMSU ?

*Massues*

**6** Combien d'athlètes composent une équipe de GRS ?

*6*

**7** La gymnastique acrobatique est-elle un sport individuel ?

*Non*

**8** Quelle qualité juge-t-on lors du premier enchaînement ?

*L'équilibre*

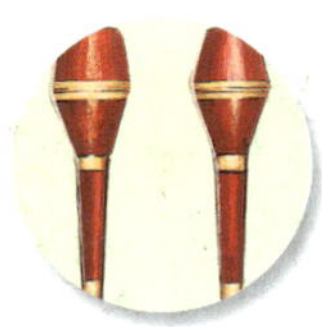

# Le karaté

*pages 52-53*

**1** À quoi sert une clé ?
*À empêcher l'adversaire d'attaquer*

**2** À quoi sert un blocage ?
*À arrêter l'adversaire pendant son attaque*

**3** Au karaté, les coups de pied sont interdits. Vrai ou faux ?
*Faux*

**4** D'où le karaté est-il originaire ?
*Des îles du sud du Japon*

**5** Quelle qualité nécessaire au karatéka se cache derrière ACEEINPT ?
*Patience*

**6** Où se situe le « tranchant » de la main ?
*Sur le côté de la main opposé au pouce*

**7** Qu'apprend-on dans un dojo ?
*Le karaté*

**8** À quoi correspondent les couleurs des ceintures ?
*Aux différents niveaux des karatékas*

# Judo et jujitsu

*pages 54-55*

**1** Que signifie le mot judo ?
*« Voie de la souplesse »*

**2** Les prises bien faites sont indolores. Vrai ou faux ?
*Vrai*

**3** En compétition, peut-on donner des coups de pied ?
*Non*

**4** Qu'est-ce qu'un tori ?
*Celui qui fait l'action*

**5** Au judo, combien y a-t-il de prises ?
*Une quarantaine*

**6** Nomme un mouvement de judo autre que la projection.
*Immobilisation, soumission...*

**7** Quel art martial se cache derrière IJJSTUU ?
*Jujitsu*

**8** Au jujitsu, à quoi sert une clé de bras ?
*À immobiliser l'adversaire*

## Le kung-fu

*pages 56-57*

**1** Qui est Huang Di ?

*Un empereur*

**2** Il est interdit aux moines d'apprendre le kung-fu. Vrai ou faux ?

*Faux*

**3** Comment s'appelle la version sportive du kung-fu ?

*Le wushu*

**4** Que signifie wing chun ?

*« Printemps éternel »*

**5** Qu'a de particulier le wing chun ?

*Il s'utilise en attaque comme en défense.*

**6** Replace les lettres ATI-CIH-NUCHA dans l'ordre et retrouve un art martial.

*Tai-chi-chuan*

**7** Le tai-chi-chuan sert-il à se défendre ou à attaquer ?

*À se défendre*

**8** Où pratique-t-on le tai-chi-chuan ?

*Dans les parcs*

## Boxe et lutte

*pages 58-59*

**1** Les boxeurs portent-ils un casque ?

*Oui, mais pas les professionels.*

**2** La boxe thaïe autorise les coups avec les genoux. Vrai ou faux ?

*Vrai*

**3** Replace les lettres OMNOILEG dans l'ordre et trouve le nom d'un pays.

*Mongolie*

**4** Quand perd-on un match en lutte mongole ?

*Lorsqu'une partie du corps touche le sol.*

**5** Nomme deux disciplines de lutte.

*Lutte gréco-romaine et lutte libre*

**6** Qu'est-ce qu'une immobilisation ?

*Le maintien des épaules de son adversaire à plat sur le sol*

**7** D'où le sumo est-il originaire ?

*Du Japon*

**8** Que sont les écuries des sumotori ?

*Les centres d'entraînement des sumotori*

# Les SPORTS D'ÉQUIPE

## Le football

*pages 62-63*

**1** Comment s'appelle le tee-shirt des footballeurs ?

*Le maillot*

**2** Les joueurs peuvent jouer avec le genou. Vrai ou faux ?

*Vrai*

**3** Sur quel continent le football est-il né ?

*En Europe*

**4** En quoi étaient les premiers ballons ?

*En vessie de porc*

**5** Quelle est la taille standard d'un ballon de football ?

*71 cm de diamètre*

**6** Pourquoi les joueurs portent-ils des protège-tibias ?

*Pour amortir les coups de pied*

**7** Qu'est-ce qu'un joueur professionnel ?

*Un joueur payé pour jouer au football*

**8** Quelles sont les couleurs du Brésil ?

*Jaune et bleu*

## Les règles du jeu

*pages 64-65*

**1** Combien y a-t-il de joueurs sur le terrain ?

*22, 11 par équipe.*

**2** Quand y a-t-il coup franc ?

*Lorsqu'une faute est commise.*

**3** Quand y a-t-il penalty ?

*Lorsqu'il y a faute dans la surface de réparation.*

**4** Quelle ligne encadre le terrain ?

*La ligne de touche*

**5** Le gardien peut ramasser le ballon n'importe où sur le terrain. Vrai ou faux ?

*Faux*

**6** Quelles sont les couleurs des cartons ?

*Jaune et rouge*

**7** Replace les lettres SORH-EJU dans l'ordre et trouve le nom d'une règle.

*Hors-jeu*

**8** Qui court le long de la ligne de touche ?

*L'arbitre assistant*

# Le rugby

*pages 66-67*

**1** À l'origine, « Rugby » est le nom d'un roi. Vrai ou faux ?

*Faux*

**2** Que se passe-t-il si le ballon est lancé vers l'avant ?

*Le jeu s'arrête et il y a mêlée.*

**3** Replace les lettres IIEALR dans l'ordre et découvre un joueur très rapide.

*Ailier*

**4** Où les avants s'affrontent-ils ?

*Dans la mêlée*

**5** Les arrières sont-ils menus ou costauds ?

*Plutôt costauds*

**6** Combien de points rapporte un essai ?

*5*

**7** Comment obtenir des points en plus après un essai ?

*Avec une transformation*

**8** Existe-t-il un rugby à XIII ?

*Oui*

# Le basket-ball

*pages 68-69*

**1** Il est interdit de faire rebondir le ballon sur le panneau. Vrai ou faux ?

*Faux*

**2** Quel tir rapporte 2 points ?

*Un tir réussi en deçà de l'arc de cercle*

**3** Quel jeu est l'ancêtre du basket-ball ?

*Le jeu de balle*

**4** Que signifie « dribbler » ?

*Faire rebondir le ballon tout en courant*

**5** Quand un joueur doit-il faire rebondir le ballon ?

*Quand il progresse sur le terrain.*

**6** Pourquoi le ballon est-il strié de lignes ?

*Pour que les joueurs puissent s'y agripper.*

**7** Quelle est la taille approximative d'un basketteur ?

*2 m*

**8** Quel pays se cache derrière TSÉAT-UISN ?

*Les États-Unis*

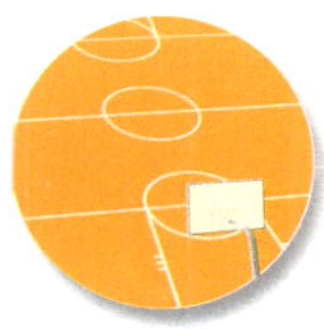

# Volley-ball et handball

*pages 70-71*

**1** Combien y a-t-il de joueurs dans une équipe de volley ?
*6*

**2** Les joueurs peuvent toucher le ballon quatre fois avant qu'il ne franchisse le filet. Vrai ou faux ?
*Faux*

**3** Quand marque-t-on un point au volley ?
*Quand on fait rebondir le ballon sur le terrain adverse.*

**4** Peut-on attraper un ballon de volley ?
*Non*

**5** À quoi sert une manchette ?
*À renvoyer un ballon proche du sol*

**6** À quelle hauteur le filet se situe-t-il ?
*2 m*

**7** Combien y a-t-il de joueurs dans une équipe de hand ?
*7*

**8** Qui est le READGIN ?
*Gardien*

# Le hockey

*pages 72-73*

**1** Au hockey, avec quel côté de la crosse frappe-t-on la balle ?
*Le côté plat*

**2** Quel pays adepte du hockey se cache derrière KINPASAT ?
*Pakistan*

**3** Le hockey est-il un sport olympique ?
*Oui*

**4** En quelle matière un palet est-il fabriqué ?
*En caoutchouc*

**5** Combien de joueurs d'une même équipe de hockey patinent ?
*Cinq plus le gardien*

**6** Pourquoi le hockey sur glace peut-il être dangereux ?
*En raison de la vitesse*

**7** À quelle vitesse un palet glisse-t-il ?
*160 km/h*

**8** Le gardien arrête le palet à la main. Vrai ou faux ?
*Faux*

# Base-ball et softball

*pages 74-75*

**1** Où le lanceur se tient-il ?
*Sur le marbre*

**2** Qu'est-ce qui caractérise un gant de base-ball ?
*Les doigts sont cousus entre eux.*

**3** Qui valide les points et se cache derrière BERIRAT ?
*Arbitre*

**4** Le home run est le dernier point du match. Vrai ou faux ?
*Faux*

**5** Une balle de base-ball est-elle plus grosse qu'une balle de softball ?
*Non*

**6** Comment lance-t-on au softball ?
*Par en dessous*

**7** Au softball, y a-t-il un monticule ?
*Non*

**8** Comment s'appelle le softball rapide ?
*Le fastpitch*

# Le football américain

*pages 76-77*

**1** Quel joueur se cache derrière KRAQATUBEC ?
*Quaterback*

**2** Qu'est-ce qu'un down ?
*Une tentative pour gagner du terrain*

**3** Comment plaque-t-on un adversaire ?
*En se projetant sur lui à pleine vitesse.*

**4** Quelles protections tous les joueurs portent-ils ?
*Un casque et des épaulières*

**5** À quoi servent les lignes du ballon ?
*À le rendre plus visible*

**6** Un ballon mesure 30 cm de long. Vrai ou faux ?
*Vrai*

**7** Quel est l'autre nom du football américain ?
*Le gridiron*

**8** Que mesurent les lignes sur le terrain ?
*Elles mesurent la distance parcourue.*

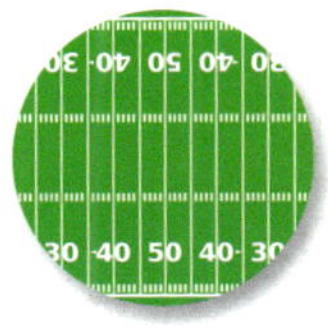

# Les JEUX OLYMPIQUES

## Les Jeux antiques

*pages 80-81*

**1** Nomme une épreuve figurant aux Jeux antiques et aux Jeux modernes.

*Le lancer de disque*

**2** Que porte un hoplite lorsqu'il court ?

*Son armure*

**3** Un javelot est une épée. Vrai ou faux ?

*Faux*

**4** Quels coups le pancrace interdit-il ?

*Aucun, tous les coups sont permis.*

**5** Quelle armée les Grecs ont-ils défaite en 490 av. J.-C. ?

*L'armée de Perse*

**6** Replace les lettres NAARHTOM dans l'ordre et trouve le nom d'une course.

*Marathon*

**7** Où les Minoens vivaient-ils ?

*Sur l'île de Crète*

**8** Comment connaît-on le saut de taureau ?

*Par des fresques et des sculptures*

## Les Jeux d'été

*pages 82-83*

**1** Par quoi les Jeux d'été débutent-ils ?

*Par une cérémonie d'ouverture*

**2** Replace les lettres MIELOYP dans l'ordre et trouve d'où vient la flamme.

*Olympie*

**3** Il y a 100 épreuves aux Jeux d'été. Vrai ou faux ?

*Faux*

**4** Où les épreuves de sauts et de lancers se disputent-elles ?

*Sur l'aire à l'intérieur de la piste*

**5** Comment appelle-t-on une course éliminatoire ?

*Une série*

**6** Quelle est la durée d'un 100 mètres ?

*Moins de 10 secondes*

**7** Où a lieu la remise de médailles ?

*Sur un podium*

**8** En quels métaux sont les médailles ?

*Or, argent et bronze.*

# Les Jeux d'hiver

*pages 84-85*

**1** Quel est le nom de la cible de curling ?

*La maison*

**2** Qui pousse la pierre au curling ?

*Le capitaine*

**3** Comment contrôle-t-on la trajectoire de la pierre de curling ?

*En balayant la glace devant la pierre.*

**4** Combien mesure un ski de saut ?

*3 m*

**5** Replace les lettres HSLEBBOIG dans l'ordre et découvre le plus rapide des sports olympiques.

*Bobsleigh*

**6** Avec quoi le lugeur s'arrête-t-il ?

*Avec ses pieds*

**7** En skeleton, le lugeur est allongé pieds en avant. Vrai ou faux ?

*Faux*

**8** En skeleton, avec quoi se dirige-t-on ?

*Avec des chaussures à crampons*

# Les jeux Paralympiques

*pages 86-87*

**1** Qui pratique le football handisport ?

*Des mal-voyants et des non-voyants*

**2** Comment les joueurs repèrent-ils le ballon ?

*Grâce à une clochette*

**3** Qu'est-ce qu'une prothèse ?

*Une pièce qui remplace un membre.*

**4** Quelle épreuve paralympique se cache derrière ASTU NE EGULUNOR ?

*Saut en longueur*

**5** Certains athlètes courent en fauteuil. Vrai ou faux ?

*Vrai*

**6** Quelle vitesse un fauteuil roulant peut-il atteindre ?

*30 km/h*

**7** Où le marathon handisport a-t-il lieu ?

*Sur route*

**8** Depuis quand le tennis de table figure-t-il au programme ?

*1960*

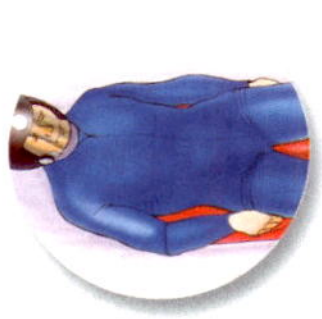

# Glossaire

**Acrobates** Personnes qui exécutent des enchaînements compliqués où se succèdent bonds, sauts périlleux et pirouettes.

**Aérodynamique** Dont la forme permet une meilleure pénétration dans l'air, pour aller plus vite.

**Âge de pierre** Période historique très ancienne (il y a environ 12 000 ans) au cours de laquelle les hommes fabriquaient des outils en silex, en os et en bois (et pas encore en métal).

**Arabe** Principale langue utilisée au Moyen-Orient et en Afrique du Nord.

**Barre transversale** Partie supérieure d'une cage de but reliant les deux poteaux latéraux. Pour marquer, le ballon doit passer sous la barre au foot ; au-dessus au rugby et au football américain.

**Carré de service** Partie d'un court de tennis dans lequel la balle doit rebondir à l'issue d'un service.

**Combat** Lutte dans laquelle sont engagés deux adversaires ou plus.

**Cône** Forme géométrique au sommet plus étroit que la base.

**Court** Espace où se disputent des sports de balle et de ballon – basket-ball ou tennis par exemple.

**Diamant** Partie d'un terrain de base-ball située entre les quatre bases disposées en losange.

**Dinghy** Petite embarcation destinée à une ou deux personnes. Un dinghy est parfois attaché à un gros voilier.

**Down** Au football américain, nom des quatre tentatives dont dispose l'équipe en attaque pour faire progresser le ballon de 10 yards.

**Éliminatoires** Épreuves sportives au cours desquelles le concurrent placé dernier est éliminé et ne peut pas participer à la compétition finale.

**Enchaînement** Succession de mouvements exécutés dans un ordre préétabli.

**Fairway** Partie soigneusement tondue du parcours de golf, entre le départ (tee) et le trou.

**Faute** Une faute est commise lorsqu'un joueur ne suit pas les règles du jeu (blesser un adversaire, frapper la balle d'une façon non autorisée…).

**Feutre** Étoffe douce et pelucheuse.

**Fibre de verre** Matériau dur, semblable au plastique, obtenu à partir de fibres de verre chauffées puis moulées.

**Grèce antique** Civilisation ancienne née sur le territoire de l'actuelle Grèce, qui s'est étendue à l'Italie, l'Afrique du Nord et la région de la mer Noire.

**Gréco-romain** Inspiré des traditions et rituels des sociétés de la Grèce et de la Rome antiques.

**Husky** Race de chien originaire de Sibérie, proche du loup.

**Lanceur** Membre d'une équipe de base-ball chargé de lancer la balle au batteur.

**Ligne d'engagement** Au football américain, positionnement qui marque le début d'une action. Chaque équipe se fait face et forme une ligne, là où a eu lieu le dernier down.

**Malamute** Race de chien originaire d'Alaska, spécialiste des courses de traîneaux.

**Marathon** Course d'endurance qui tient son nom de la distance parcourue par Phidippidès, soldat de la Grèce antique.

**Maya** Civilisation implantée au sud du Mexique, au Belize et au Guatemala il y a 1 500 ans.

**Mêlée** Au rugby, regroupement pratiqué lors d'une remise en jeu qui suit un en-avant, où les joueurs se poussent pour tenter de récupérer le ballon.

**Monastère** Lieu où les moines vivent retirés du monde.

**Ovale** Forme courbe et allongée. Les ballons de rugby et de football américain sont ovales.

**Pénalité de temps** Temps additionnel qui sanctionne la faute d'un joueur.

**Perse** Ancien nom donné à la région de l'actuel Iran.

**Plaquage** Geste pratiqué pour arrêter l'avancée du joueur porteur du ballon en le faisant tomber au sol, au rugby, par exemple.

**Plot** En patinage de vitesse, pavé amovible délimitant une ligne imaginaire que le coureur ne doit pas franchir.

**Pommeau** Partie antérieure un peu bombée d'une selle de cheval, à laquelle le cavalier peut se tenir.

**Poudreuse** Neige très fraîche dans laquelle les skis s'enfoncent profondément.

**Professionnel** Personne payée pour l'activité qu'elle effectue. Les sportifs professionnels sont payés pour pratiquer leur discipline, ce qui n'est pas le cas des sportifs amateurs.

**Roller en ligne** Patin aux roues alignées.

**Rythme** Fréquence et vitesse de déplacement d'un homme ou d'un animal.

**Satin** Étoffe fine, brillante et glissante, en soie ou en Nylon.

**Saut périlleux** Saut au cours duquel le corps de l'athlète réalise un tour complet sur lui-même.

**Service** Geste qui marque le début d'un échange au volley, au tennis et dans les autres sports de raquette. La balle est envoyée dans le terrain adverse.

**Stade** Terrain de sport entouré de gradins et de tribunes où les spectateurs prennent place.

**Style de nage** L'une des quatre façons de nager en compétition : crawl, brasse, dos crawlé ou papillon.

**Technique** Méthode utilisée pour effectuer une tâche ou contourner une difficulté.

**Traditionnelle** Action réalisée en accord avec les traditions, exactement comme elle est exécutée depuis des années.

**Tremplin** Planche sur laquelle les athlètes (gymnastique et plongeon) rebondissent pour prendre leur élan.

**Ventilation** Ouverture créée pour assurer une bonne aération.

**Vessie** Organe en forme de poche dans lequel est stockée l'urine.

**Zone de prise** Au base-ball, zone imaginaire située entre la poitrine et les genoux du batteur, où le lanceur doit propulser la balle afin que son lancer soit validé.

# Index

# K-L



# M



# N



# O-P



# R



# S



# T



# U-V-W

# Remerciements


*L'éditeur remercie tous ceux qui l'ont autorisé à reproduire leurs images. Tous les efforts ont été entrepris pour retrouver les détenteurs des droits d'auteur. Cependant, s'il y a eu quelques omissions ou erreurs, nous nous en excusons et nous nous assurerons, si nous en sommes informés, que ces corrections soient apportées dans les prochaines éditions.*

En haut = h ; en bas = b ; au centre = c ; à gauche = g ; à droite = d

Page : 2 Shutterstock/Andreas Gradin. 8hg Shutterstock/Alhovik. 8b Corbis/Ben Radford. 9hg Shutterstock/JJ pixs. 9hc www.photolibrary.com/Juergen Hasenkopf/Imagebroker.net. 9hd www.photolibrary.com/Aflo Foto Agency. 9bg Shutterstock/Alhovik. 10hg Shutterstock/muzsy. 10c Shutterstock/Pedro Jorge Henriques Monteiro. 11bd Shutterstock/muzsy. 11cg Shutterstock/Michael Pettigrew. 11b Shutterstock/AISPIX. 12b Shutterstock/Cynthia Farmer. 13bg www.photolibrary/White/Kris Timken. 13bd www.photolibrary.com/Age fotostock/Raymond Forbes. 17c Shutterstock/RamonaS. 17hd Shutterstock/J. Helgason. 17bd Shutterstock/Margo Sokolovskaya. 19bd Shutterstock/IMaster. 22tl Shutterstock/Igor Bulgarin. 22d Shutterstock/Frances A. Miller. 23hd www.photolibrary.com/Stock Imagery/Greg Epperson. 23bd www.photolibrary.com/Saga Photo/Patrick Forget. 24hg Shutterstock/Andrey Yurlov. 24b Shutterstock/JaySi. 25hg Shutterstock/Andrey Yurlov. 25hd Shutterstock/testing. 25cg Shutterstock/muzsy. 25c Corbis/Steve Lindridge/Eye Ubiquitous. 25bg Shutterstock/Marcin Balcerzak. 25bd Shutterstock/Pete Saloutos. 30c Corbis/Corey Rich/Aurora Photos. 31hd Shutterstock/Diego Cervo. 31cg Shutterstock/Maxim Petrichuk. 32b iStockphoto/intst. 33cd Shutterstock/Maridav. 33bg Morgan Lane Photography/Shutterstock. 35h Corbis/Reuters/Dylan Martinez. 35b Corbis/Robert Wagenhoffer. 36 Corbis/Dimitri Lundt/TempSport. 37 Shutterstock/B. Stefanov. 38b Shutterstock/testing. 39hd Shutterstock/Holger W. 40h Shutterstock/Marcel Jancovic. 40b Shutterstock/photostockar 41h Shutterstock/pio3. 41b Shutterstock/Marcel Jancovic 51cd Corbis/Leo Mason. 53hd Reuters/Kim Kyung Hoon. 56cg Shutterstock/sming. 56b Shutterstock/Maxim Tupikov. 58 Shutterstock/Aptyp_koK. 59 Shutterstock/Istvan Csak. 62 Photolibrary.com/Rubberball/Mike Kemp. 64b Shutterstock/fstockfoto. 65cg Shutterstock/muzsy. 65b Shutterstock/Dziurek. 66-67Alamy/Steven May. 67b Shutterstock/Sportsphotographer.eu. 70h www.photolibrary.com/Pixtal Images. 70b Shutterstock/muzsy. 71hg www.photolibrary.com./PixtalImages 71cd www.photolibrary.com/Photononstop/Christophe Lehenaff. 71bd Shutterstock/Natursports. 72b www.photolibrary.com/Juice Images. 73hd Getty/AFP/Strdel. 73cd Shutterstock/Dusty Cline. 75cd Shutterstock/RoJo Images. 75cg www.photolibrary.com/Design Pics Inc. 75bg Corbis/RD/Dziekan/Retna Digital. 75c Shutterstock/Tomislav Forgo. 76-77 www.photolibrary.com/Tetra Images/Erik Isakson. 81cg Corbis/National Geographic Society. 82c Reuters/Dylan Martinez. 83bg Shutterstock/Pete Niesen. 84cd Rex Features/Giuliano Bevilacqua. 85bg Rex Features/Zuma/KPA. 85h Shutterstock/Tyler Olson. 86b Corbis/Sol Neelman. 87bg Shutterstock/Chen Wei Seng. 87hd Rex Features/Sipa Press.